Gianfranco Ravasi

UN MESE CON MARIA

Trentun immagini bibliche

SAN PAOLO

I testi del presente sussidio sono tratti dal volume
L'albero di Maria. Trentun "icone" bibliche mariane, San Paolo 1993

Citazioni bibliche tratte da:
© *Bibbia Emmaus. Nuovissima versione dai testi originali*, 1998

Testo biblico

Commento

Preghiera

Piazza Soncino, 5 - 20092 Cinisello Balsamo (Milano)

www.edizionisanpaolo.it

Distribuzione: Diffusione San Paolo s.r.l.
Corso Regina Margherita, 2 - 10153 Torino

Progetto grafico: Ink Graphics Communication, Milano

Supplemento a Famiglia Cristiana di questa settimana
Direttore responsabile: Antonio Sciortino
Settimanale registrato presso il Tribunale di Alba il 7/9/1949 n. 5
P.I. SPA - S.A.P. - D.L. 353/2003 L. 27/02/04 N. 46 - a.1 c.1 DCB/CN

www.famigliacristiana.it

ISBN 978-88-215-7495-5

INTRODUZIONE

«Io desidero che la tua icona, Madre di Dio, si rifletta continuamente nello specchio dell'anima e la conservi pura sino alla fine dei secoli. Rialzi coloro che sono curvi verso terra e doni la speranza a coloro che considerano e imitano l'eterno modello della bellezza». Così pregava lo Psuedo-Dionigi Areopagita, mistico greco della fine del V secolo. Le icone mariane dalle molteplici fisionomie hanno affollato i secoli; tutte, però, risalivano alle icone non dipinte ma descritte che sono distribuite nelle pagine bibliche.

Ultimi in una genealogia gloriosa, anche noi desideriamo «dipingere» con la penna una serie di icone mariane, attingendo al testo biblico. Saranno immagini impacciate le nostre, prive della genialità dei grandi cantori, pittori e scultori mariani di tutti i tempi della Chiesa. Saranno talora immagini stereotipe, perché ricalcate su lineamenti che nei secoli passati altri hanno tracciato. Ma saranno sempre immagini sincere e somiglianti perché ancorate a quei profili che sono stampati in filigrana alle pagine sante e ispirate. Disegneremo, dunque, trentun icone, tante quanti sono i giorni del mese che la tradizione popolare vive in compagnia di Maria, il mese di maggio.

Nei primi quadri ci metteremo alla scuola della tradizione dei Padri, della liturgia, della devozione popolare e colta, che per secoli ha intravisto in volti femminili dell'Antico Testamento i tratti «anticipati» della Madre del Signore. In realtà non è che questi profili assomigliassero in sé a quello di Maria né che in essi ci fossero bagliori diretti, somiglianze immediate. Erano gli occhi dei cristiani che ridisegnavano spontaneamente quelle figure sul modello mariano. Ma alla base di quest'operazione cosiddetta «allegorica» c'era una profonda intuizione: le Scritture ebraiche e quelle cristiane, l'Antico e il Nuovo Testamento sono in intima connessione, la prima alleanza conduce alla nuova, la Parola del Cristo è in continuità piena e gloriosa con la Parola di Yhwh.

Le icone successive saranno le più dirette e somiglianti perché nelle pagine neotestamentarie è Maria stessa ad essere di scena, con contorni e fisionomie precisi. Come vedremo, la sua missione sarà quella di condurci sempre al Figlio.

L'autentica devozione mariana – e lo ricordava uno

dei massimi rappresentanti, il sacerdote bretone san Luigi Maria Grignion de Montfort (1673-1716), autore del celebre *Trattato della vera devozione a Maria* – è inseparabile dalla centralità del Cristo, unico Salvatore, a cui Maria ci indirizza.

I

MARIA, NUOVA EVA

Madre dei viventi

Dal libro della Genesi

Dio disse: «Facciamo l'uomo secondo la nostra immagine, come nostra somiglianza, affinché possa dominare sui pesci del mare e sui volatili del cielo, sul bestiame e sulle fiere della terra e su tutti i rettili che strisciano sulla terra». (...)

Il serpente era la più astuta di tutte le fiere della steppa che il Signore Dio aveva fatto e disse alla donna: «È vero che Dio ha detto: "Non dovete mangiare di nessun albero del giardino?"». Rispose la donna al serpente: «Dei frutti degli alberi del giardino noi possiamo mangiare, ma del frutto dell'albero che sta nella parte interna del giardino Dio ha detto: "Non ne dovete mangiare e non lo dovete toccare, per non morirne"». Ma il serpente disse alla donna: «Voi non morirete affatto!

Anzi! Dio sa che nel giorno in cui voi ne mangerete, si apriranno i vostri occhi e diventerete come Dio, conoscitori del bene e del male». Allora la donna vide che l'albero era buono da mangiare, seducente agli occhi e attraente per avere successo; perciò prese del suo frutto e ne mangiò, poi ne diede anche al marito, che era con lei, e anch'egli ne mangiò. Si aprirono allora gli occhi di ambedue e conobbero che erano nudi.

Allora il Signore Dio disse al serpente: «Poiché hai fatto questo, maledetto sii tu fra tutto il bestiame. (...) Io porrò un'ostilità tra te e la donna, tra la tua stirpe e la sua stirpe: essa ti schiaccerà la testa e tu la assalirai al tallone».

Genesi 1,26; 3,1-6.14-15

Nel libro della Genesi è narrato quel progetto di armonie che Dio aveva ideato e voluto, creando il cosmo e l'uomo, lacerato dalla libera decisione dell'uomo di definire ciò che è bene e ciò che è male, strappandone a Dio la determinazione. Le tensioni, le fatiche, le ostilità che pervadono la storia non nascono dal volere del Dio creatore, non risalgono alla creazione stessa. Sono invece il risultato di questa scelta perversa dell'uomo, che ha voluto sostituire alla morale divina una sua morale.

Il serpente tentatore simboleggia il peccato, il male, che suscita la vergogna nell'essere umano che lo commette, provocando l'umiliazione della dignità dell'uomo.

Dal peccato originale fluisce una tensione che pervade tutta la storia: è come se si stabilisse un duello continuo tra bene e male, tra la giustizia e la perversione, tra la verità e la menzogna: «Io porrò un'ostilità tra te e la donna – dirà il Signore al serpente – tra la tua stirpe e la sua stirpe: essa ti schiaccerà la testa e tu la assalirai al tallone» (Genesi 3,15).

E Maria è l'emblema glorioso della speranza della salvezza e della vittoria finale del bene sul male; poiché lei è il segno della totale scelta e dedizione dell'essere intero a Dio, della lotta al serpente; in lei il bene celebrerà il suo più alto trionfo, con la salvezza che suo Figlio offre a ogni Adamo peccatore.

*Sono stati i Padri della Chiesa a cantare Maria come «Nuova Eva»; già nel II secolo Ireneo usa la curiosa immagine dei nodi: Maria scioglie i nodi del peccato, nodi inaugurati da Eva e Adamo, che nei secoli si infittiscono e rendono prigioniero e senz'aria l'uomo. Così scrive: «Il nodo della disobbedienza di Eva è stato sciolto dall'obbedienza a Maria; ciò che la vergine Eva aveva legato con la sua incredulità, la vergine Maria l'ha sciolto con la sua fede» (*Contro le eresie, *III, 22,4).*

Come Paolo opponeva Cristo ad Adamo, così Ireneo

opponeva Maria a Eva: «Come per la disubbidienza di una vergine fu fatto cadere, mandato in rovina e fatto morire un uomo, così l'uomo ricevette nuovamente la vita per mezzo di una vergine».

Come Eva fu la madre dei viventi peccatori, così Maria è la madre dei viventi fedeli a Dio.

Preghiera

Beata tu, Maria, divenuta madre del Signore dei re!

Nel tuo seno ha abitato colui della cui lode sono pieni i cieli.

Beata tu, o Benedetta, perché per te è stata cancellata la maledizione di Eva! Grazie a te è stato pagato il debito comune contratto dal serpente per le generazioni.

Tu hai generato quel tesoro che ha colmato il mondo di ogni aiuto. Da te è sorta la luce che ha distrutto il regno delle tenebre.

(Cantico mariano di Efrem Siro, dottore della Chiesa)

Maria, nuova Eva, prega per noi!

II

MARIA, ROVETO ARDENTE

Madre sempre vergine

Dal libro dell'Esodo

Mosè portò il gregge oltre il deserto, e arrivò al monte di Dio, l'Oreb. Gli apparve l'angelo del Signore in una fiamma di fuoco dal mezzo di un roveto. Mosè guardò: ecco che il roveto bruciava nel fuoco, ma il roveto non si consumava. Egli disse: «Ora mi sposto per vedere questo spettacolo grandioso: perché mai il roveto non brucia? ». Il Signore vide che si era spostato per vedere, e lo chiamò dal mezzo del roveto e disse: «Mosè, Mosè!». Rispose: «Eccomi!». Riprese: «Non avvicinarti: togliti i sandali dai piedi, perché il luogo sul quale tu stai è suolo santo!». E disse: «Io sono il Dio di tuo padre, Dio di Abramo, Dio di Isacco, Dio di Giacobbe». Mosè si coprì allora il volto, perché temeva di guardare verso Dio.

Esodo 3,1-6

L'esperienza di Dio che Mosè vive ai piedi del monte Oreb, davanti a un roveto che ardeva nel fuoco senza consumarsi, e dal quale udì provenire la voce del Signore che gli parlava, ci rimanda al simbolismo classico delle manifestazioni di Dio, il fuoco, rappresentazione della vicinanza e della trascendenza divina. Fiamma che non può essere afferrata e trattenuta, eppure che ci attraversa col suo calore e col suo splendore. Il suo carattere «inestinguibile» evoca l'eternità perfetta e l'immutabilità suprema di Dio.

Questa epifania di Yhwh avviene nella cornice di un luogo santo, in cui Mosè è entrato inconsapevolmente. Ce lo rivela il gesto, di ammissione e di purificazione, che è invitato a fare: togliere i calzari, come segno di umiliazione e di spogliazione delle impurità rituali.

La connessione tra la scena dell'Oreb e Maria di Nazaret è, ovviamente, allegorica, metaforica, libera e creativa. Il roveto arde in mille pagine mariane, della tradizione e dei Padri della Chiesa, come segno della verginità di Maria, della sua maternità divina.

Ecco come Gregorio di Nissa, grande padre della Cappadocia (Turchia), vissuto nel IV secolo, in un'omelia natalizia sviluppa questo tema: «Ciò che era prefigurato nella fiamma e nel roveto, fu apertamente manifestato nel mistero della Vergine. Come sul monte il roveto ardeva ma non si consumava, così la Vergine partorì la luce ma non si corruppe. Né ti sembri sconveniente la similitudine del roveto, che prefigura il corpo della vergine, la quale ha partorito Dio».

Durante una omelia del 428-429, Proclo, futuro patriarca di Costantinopoli, parla della santa Vergine Theotókos *(Madre di Dio) Maria come «roveto vivente che non fu bruciato dal fuoco del parto divino».*

Nell'uso del roveto dell'Oreb si intuisce la dimensione simbolica mariana connessa al titolo Theotókos: *Dio si rivela in pienezza in Maria, come nel roveto era Dio a svelarsi a Mosè. Efrem Siro, morto nel 373, fa balenare la verginità di Maria come sede della manifestazione di Dio. Il grembo di Maria è come il roveto nel quale discende il fuoco teofanico e nel quale Yhwh si rende presente e sperimentabile a Mosè.*

Nella stessa linea si muove anche Severo, patriarca di Antiochia, morto nel 538. In un'omelia, la 67, egli afferma: «Quando volgo lo sguardo alla Vergine Madre di Dio e tento di abbozzare un semplice pensiero su di lei, fin dall'inizio mi sembra di udire una voce che viene da Dio e che mi grida all'orecchio: "Non accostarti! Togliti i sandali dai piedi, perché il luogo dove tu stai è terra santa!"... Avvicinarsi a lei è come avvicinarsi a una terra santa e raggiungere il cielo».

Certo, come dirà Ambrogio, «Maria non è il Dio del tempio ma il tempio di Dio». Perciò noi dobbiamo, come

Mosè, avvicinarci a lei a piedi scalzi perché nel suo grembo è Dio che si rivela e lo fa nel modo più vicino e trasparente, rivestendo la carne dell'uomo.

Preghiera

Maria, Tu sei il roveto visto da Mosè in mezzo alle fiamme che non si consumava, il quale è il Figlio del Signore.

Egli venne e abitò nelle tue viscere e il fuoco della sua divinità non consumò la tua carne.

Prega per noi, o Santa!

(Testo tratto dagli inni mariani della Chiesa etiopica)

Maria, Madre sempre vergine, prega per noi!

III

MARIA, DONNA FORTE

Madre dei deboli

Dal libro dei Giudici

Iabin, re di Canaan, da venti anni opprimeva duramente gli Israeliti.

In quel tempo era giudice in Israele Debora, una profetessa, moglie di Lappidot. Se ne stava seduta sotto la palma che porta il suo nome, fra Rama e Betel, nella montagna di Efraim, e gli Israeliti salivano a lei quando avevano bisogno di un giudizio.

Un giorno essa mandò a chiamare Barak, figlio di Abinoam, a Kedes di Neftali, e gli disse: «Il Signore, Dio d'Israele, ti ordina di andare ad arruolare sul monte Tabor diecimila uomini delle tribù di Neftali e di Zabulon e di portarli con te; dice che condurrà davanti a te, al fiume Kison, Sisara, comandante dell'esercito di Iabin, con i suoi carri e le sue truppe e li metterà nelle tue mani». Barak le disse: «Se verrai con me, ci andrò; ma se tu non verrai, io non mi muoverò». Rispose Debora: «Bene, verrò con te; però la gloria dell'impresa alla quale ti accingi non sarà tua perché il Signore metterà Sisara nelle mani di una donna». E Debora si mosse e andò a Kedes con Barak. (...) Il Signore gettò nel terrore e travolse Sisara, tutti i suoi carri e tutto il suo esercito.

Giudici 4,3-9.15

Siamo attorno al XII secolo a.C. Gli Ebrei, liberati dell'oppressione egiziana, stanno occupando la terra promessa, abitata dagli indigeni cananei. Ma al centro dell'attuale Galilea, essi si scontrano con la violenta reazione del regno di Hazor, una potente città-stato, il cui re, Iabin, poteva schierare un'eccezionale armata da guerra. Israele, invece, è un popolo agricolo, militarmente impreparato, retto da Samgar, un «giudice» (cioè un politico) inetto e titubante, e da Barak, un generale incerto, e si sta avviando fatalmente ad essere divorato dall'avanzata cananea.

È a questo punto che Dio, come in altre situazioni della salvezza, compie una scelta apparentemente stravagante. Sarà una donna, una creatura disprezzata in Oriente (e non solo...) a donare a Israele la libertà; a rivelare "profeticamente" la vicinanza di Dio a un popolo oppresso.

Colui che appare è «Yhwh del Sinai, Dio d'Israele», cioè il Signore della libertà, colui che strappa lo schiavo dall'oppressione, colui che anche adesso sta per entrare in azione per aiutare un popolo umiliato e schiacciato.

Debora è «giudice», termine che nel linguaggio biblico abbraccia tutta l'attività politica, e «profetessa»: pur essendo donna fragile, con la sua presenza e la sua azione rivela la presenza attiva di Dio nel groviglio spesso drammatico delle vicende umane. La sua missione è quella di svelare che la storia che viviamo è storia di salvezza; sotto l'involucro delle azioni umane e del tempo opera un altro grande protagonista, il Dio liberatore.

Il Signore celebra le sue vittorie coi deboli ed è proprio su questa strada che può prendere corpo l'applicazione alla storia di Maria, colei che ha cantato nel Magnificat la sua certezza che Dio «rovescia i potenti dai troni e innalza gli umili» (Luca 1,52).

Debora e Maria di Nàzaret, vissuta più di mille anni dopo la «profetessa» d'Israele, sono unite da un motivo teologico fondamentale che dovremo ripetere per tutte le altre donne dell'Antico Testamento che incontreremo (Rut, Anna, Ester, Giuditta) e che la tradizione cristiana ha raccordato alla madre di Gesù: «Dio ha scelto ciò che nel mondo è ignobile e disprezzato e ciò che è nulla per ridurre al nulla le cose che sono» (1Corinzi 1,27-28).

La coscienza della propria povertà, umiltà, semplicità, non significa fatalismo, inerzia, quietismo. Come in Debora, che sa di avere una missione da compiere di portata storica, così anche Maria è consapevole che Dio la sta avviando su una strada unica e sorprendente. Non si tratta di un'umiltà che si avvita su se stessa, crogiolandosi in malinconie o nostalgie o frustrazioni. Essere «serva del Signore» è, sì, la coscienza del proprio limite creaturale, ma unito all'azione divina e alla vocazione straordinaria a cui si è chiamati.

Preghiera

Santa Maria, soccorri i miseri, aiuta gli sfiduciati, rincuora i deboli.

Quanti celebrano il tuo ricordo sperimentino tutti il tuo generoso aiuto.

Attenta alla voce di chi ti prega, soddisfa il desiderio di ognuno.

Sia tuo compito l'assidua intercessione per il popolo di Dio, tu che meritasti, o benedetta, di portare il riscatto del mondo, colui che vive e regna nei secoli dei secoli! Amen.

(Testo di Fulberto di Chartres, vescovo delle Gallie, morto nel 1208)

Maria, Madre dei deboli, prega per noi!

IV

MARIA, RICOLMA DI GRAZIA

Madre della santità

Dal libro dei Giudici

Gli Israeliti fecero ciò che è male agli occhi del Signore, il quale li dette per sette anni nelle mani dei Madianiti. (...)

Gli Israeliti, a causa dei Madianiti, caddero in profonda miseria e alzarono il loro grido al Signore. (...)

Il Signore allora si rivolse a Gedeone con queste parole: «Va', perché con la tua forza salverai Israele dalle mani dei Madianiti. Sono io che ti mando». Gli rispose Gedeone: «Oh, Signore! Come farò a liberare Israele? La mia famiglia è la più oscura di Manàsse e io ne sono il membro più insignificante!». Ma il Signore riprese: «Io sarò con te e tu potrai abbattere i Madianiti come se fossero un uomo solo». Gedeone disse: «Se ho trovato grazia ai tuoi occhi, dammi un segno che sei proprio tu quello che parla con me. (...) Se hai intenzione di salvare Israele per mezzo mio, come hai promesso, ecco che io stendo un vello nell'aia: se la rugiada cadrà soltanto sul vello e tutto il terreno all'intorno resterà asciutto, io saprò che tu hai intenzione, come hai detto, di salvare Israele per mano mia». E così fu: quando, il mattino dopo, Gedeone si alzò, andò a strizzare il vello: ne venne fuori tanta rugiada da farne piena una coppa.

Giudici 6,1.6.14-17.36-38

Gli Ebrei si erano lasciati tentare dall'idolatria, e la figura di questo giudice, Gedeone, assume tratti religiosi: egli demolisce l'altare pagano e diventa il salvatore di Israele dalle mire egemoniche dei Madianiti, una tribù ostile meridionale, pur essendo membro della «famiglia più oscura di Manasse» (6,15). Gedeone sarà un liberatore, e la sua vittoria evidenzierà la sua esperienza di "piccolo" e di ultimo sostenuto solo dalla forza di Yhwh.

Ma in questo brano entra in scena un'altra delle tante correlazioni allegoriche che la tradizione cristiana ha liberamente – e spesso fantasiosamente – intessuto tra il Nuovo e l'Antico Testamento.

Tutto ruota attorno alla cosiddetta "prova del vello". Sull'aia Gedeone espone un vello di pecora: nella simbologia mariana esso diventa un'immagine del grembo di Maria. La rugiada notturna – che è molto abbondante –, in un panorama assolato com'è quello palestinese, è un emblema di benedizione (cf Genesi 27,28), è simbolo dell'amore divino (cf Osea 14,6).

Abbiamo citato l'omelia di Proclo in onore della Theotókos *quando abbiamo parlato del roveto ardente. Ecco come prosegue: «...roveto vivente che non fu bruciato dal fuoco del parto divino, vera nube leggera che diede alla luce colui che, con il suo corpo, sta al di sopra dei cherubini, vello irrorato di celeste rugiada...». La liturgia siro-maronita per la festa di "Nostra Signora delle sementi" recita: «O Cristo Dio, Verbo del Padre, tu sei sceso come la pioggia sul campo della Vergine e, come grano di frumento perfetto, tu sei apparso laddove nessun seminatore aveva mai seminato e sei diventato cibo per il mondo... Noi ti magnifichiamo, Vergine Madre di Dio, vello che assorbì la rugiada celeste, campo di frumento benedetto per soddisfare la fame del creato».*

Il vello è il grembo di Maria nel quale entra la rugiada divina dello Spirito che genera il Cristo. Verginità e maternità divina si intrecciano nell'unica immagine del vello intriso di rugiada.

La grandezza di Maria è tutta in questa irruzione del divino nell'umano, aperto e disponibile al divino. In Maria si stende un orizzonte di luce e di grazia per cui essa diventa segno di un mondo rinnovato sul quale scende la rugiada vivificatrice di Dio.

Preghiera

Ave, o gioia desiderabile.
Ave, o esultanza delle chiese.
Ave, o nome che ispira dolcezza.
Ave, o volto che irradia divinità e grazia.
Ave, o vello salvifico e spirituale.
Ave, o madre dell'intramontabile splendore, avvolta di luce.
Ave, o illibatissima madre della santità.
Ave, o fonte limpidissima dell'onda vivificante.
Ave, o nuova madre, sede della nuova generazione.
Ave, o ineffabile madre di un mistero inafferrabile.
Ave, o creatura che hai afferrato il tuo Creatore.
Ave, o piccola dimora che contenesti l'Incontenibile!

(Litania mariana di Teodoto, vescovo di Ancìra, V secolo)

Maria, ricolma di grazia, prega per noi!

V

MARIA, DONNA FEDELE

Madre della speranza

Dal libro di Rut

Nei giorni in cui governavano i giudici, ci fu una carestia nella terra di Israele e un uomo di Betlemme di Giuda se ne andò ad abitare nei campi di Moab, insieme con la moglie e due suoi figli. Il nome dell'uomo era Elimèlech e il nome della moglie Noemi; quello dei suoi due figli Maclon e Chilion.

Quando poi Elimèlech, marito di Noemi, morì, ella restò con i suoi due figli. Essi presero mogli moabite, di cui una si chiamava Orpa e l'altra Rut. Dimorarono là circa dieci anni e poi morirono anche Maclon e Chilion e la donna rimase priva del marito e dei suoi due figli. (...)

Allora ella partì insieme alle nuore, per tornare dai campi di Moab, perché aveva sentito dire che il Signore aveva visitato il suo popolo, dandogli del pane. Noemi disse alle due nuore: «Orsù, tornate ciascuna nella casa di vostra madre...». Orpa baciò la suocera e tornò al suo popolo, mentre Rut non si staccò da lei. (...)

Noemi aveva un parente di suo marito, uomo eminente, della famiglia di Elimèlech, che si chiamava Booz. (...)

Booz prese Rut in moglie e si unì a lei; il Signore le concesse di concepire e dette alla luce un figlio. Le donne dissero a Noemi: «Benedetto il Signore che non ti ha lasciato mancare un riscattatore oggi! Il suo nome sarà proclamato in Israele; egli ti sarà di consolazione e di sostegno nella vecchiaia, perché lo ha partorito tua nuora che ti ama, ella che verso di te è più buona di sette figli».

Essa lo chiamò Obed. Egli fu il padre di Iesse, padre di Davide.

Rut 1,1-6.8.14; 2,1; 4,13-17

Il racconto narra di una famiglia che vive l'emigrazione in terra straniera (a causa di una carestia) e il lutto. Resta un nucleo familiare povero e indifeso, composto da tre vedove: Noemi e le due nuore Orpa e Rut. Noemi, ormai sola e senza protezione, decide di ritornare al suo paese, Betlemme, ed invita le nuore a lasciarla per tornare alla casa paterna. Orpa si lascia convincere, Rut, invece, non ha esitazioni: «Non forzarmi a lasciarti e ad allontanarmi da te, perché dove tu andrai andrò anch'io... il tuo popolo sarà il mio popolo e il tuo Dio il mio Dio, dove tu morirai, morirò anch'io e là sarò sepolta» (1,16-17).

La miseria e la fame costringono Rut a spigolare nel campo del parente prossimo di suo suocero Elimèlech, Booz. Costui resta conquistato dall'amore e dalla generosità della donna e, con discrezione, la colma di attenzione. I due si sposano, si amano e danno alla luce un figlio, Obed. Costui dovrà incarnare la discendenza sia del marito defunto di Rut sia di Elimèlech, il marito di Noemi, restato senza eredi con la morte dei due figli.

Ma il vertice del racconto è in quella nota genealogica finale ripresa da Matteo: «Obed fu il padre di Iesse, padre di Davide» (4,17). Rut, come le altre donne citate nella genealogia di Gesù secondo Matteo (Tamar, Rahab e Betsabea), ha una qualità che la rende "diversa", è una straniera, un dato abbastanza scandaloso in una civiltà così sensibile alla purezza razziale com'è quella ebraica.

Ma Rut, come le altre donne, diventa strumento dello Spirito nella storia della salvezza nonostante la sua debolezza di donna, le sue origini non del tutto accettabili, le sue condizioni un po' eccezionali. Ritorna, dunque, quella legge divina che in Maria celebra il suo trionfo e che siamo costretti a ribadire quasi ad ogni tappa del nostro itinerario mariano. È la legge del "meno" che Dio trasforma in "più".

È con costoro che Dio compie cose grandi, è da Rut che nasce Davide, il segno della speranza messianica. In un certo senso la modesta donna straniera riceve un riverbero regale, come la modesta vergine del villaggio di Nazaret riceverà nella storia il titolo di regina.

L'icona mariana di Rut ci piace, quindi, immaginarla regale. Il Signore che "rovescia i potenti dai troni", è pronto a insediarvi gli umili. Maria e Rut sono come regine perché hanno generato un re, dal quale ricevono gloria e splendore.

Preghiera

Io ti scelgo oggi, o Maria,
alla presenza di tutta la corte celeste,
come mia Madre e mia Regina.
Ti offro e consacro,
in tutta sottomissione e amore,
il mio corpo e la mia anima,
i miei beni interiori ed esteriori
ed il valore stesso delle mie buone azioni passate,
presenti e future,
lasciandoti interamente il pieno diritto
di disporre di me e di ogni cosa che mi appartenga,

senza eccezione alcuna,
secondo la tua volontà,
per la più grande gloria di Dio,
nel tempo e nell'eternità.
Amen.

(Atto di affidamento a Maria *di san Luigi Maria Grignon de Monfort)*

Maria, Madre della speranza, prega per noi!

VI

MARIA, SERVA DEL SIGNORE

Madre dei poveri

Dal primo libro di Samuele

Un uomo di Ramataìm, Elkana, aveva due mogli: una si chiamava Anna, l'altra Peninna. Ora Peninna aveva figli, Anna invece non ne aveva.

Ogni anno quell'uomo saliva dalla sua città per fare adorazione e offrire sacrifici al Signore degli eserciti a Silo, dove i due figli di Eli erano sacerdoti del Signore. (...)

Ogni volta che saliva alla casa del Signore, però, Peninna infliggeva ad Anna continue umiliazioni, in quanto il Signore aveva reso sterile il suo seno. (...)

Nell'amarezza della sua anima, Anna pregava davanti al Signore piangendo accoratamente e fece voto dicendo: «O Signore degli eserciti, se guarderai benignamente all'afflizione della tua serva, se ti ricorderai di me e non dimenticherai la tua serva, ma concederai alla tua serva un figlio maschio, io lo offrirò al Signore per tutti i giorni della sua vita e il rasoio non passerà sul suo capo».

Tornato a casa, Elkana si unì a sua moglie Anna e il Signore si ricordò di lei. Così al compiersi del tempo, Anna concepì e diede alla luce un figlio cui pose nome Samuele, dicendo: «L'ho domandato al Signore». (...)

Poi Anna pregò e disse: «Il mio cuore esulta nel Signore, la mia fronte si eleva al Signore. Si apre la mia bocca contro chi mi odia perché gioisco per la tua salvezza».

1Samuele 1,1-3.6.10-11.20-21; 2,1

Se il desiderio di un figlio è un impulso psicologico proprio di ogni persona, se esso è anche l'incarnazione del sogno di poter sfidare il tempo con una presenza viva costruita dalla e con la propria carne, tutto questo viene esasperato nell'antico Vicino Oriente. Per l'uomo biblico, che non ha ancora, in molti passi dell'Antico Testamento, pienamente compreso la possibilità di una sua sopravvivenza oltre la morte, la discendenza diventa anche l'unica occasione concreta di continuare a vivere oltre il sepolcro nella carne e nel ricordo dei figli e dei posteri. Per questa ragione la sterilità è vista come una tragedia. Lo è anche per un'altra ragione. Se l'eredità, cioè il complesso dei valori materiali e spirituali che specificano una tribù, non viene raccolta da un erede, è come se l'intera tribù piombasse nell'anonimato e si dissolvesse come una nube al sole.

Il dolore e la solitudine di Anna si trasformano in preghiera durante un pellegrinaggio al santuario di Silo. Ormai non le è più sufficiente la tenerezza premurosa del suo uomo che la ama nonostante la sterilità. Solo il ricorso a Dio diventa decisivo. E il Signore esaudisce la supplica di quella donna abbandonata e disprezzata. Proprio perché la madre è sterile, il figlio che da lei nascerà sarà totalmente grazia divina, come era avvenuto per «il figlio della promessa» patriarcale Isacco, nato da Sara sterile. Si sottolinea, così, che il figlio non è un semplice frutto dei meccanismi generazionali e biologici, ma conserva in sé un segno vivo della volontà e dell'amore di Dio. Dal tronco arido di Anna si produce il germoglio verdeggiante di una vita meravigliosa; ciò che era considerato umanamente inutile e morto ritorna ad essere prezioso.

È facile immaginare il parallelo tra la sterilità di Anna e la verginità di Maria, pur nelle evidenti differenze. In entrambi i casi il figlio appare come un dono divino e non il frutto di seme umano. Ma Anna diventa «icona» di Maria soprattutto per il suo cantico, citato nel capitolo 2 (vv. 1-10) del primo libro di Samuele, che offre quasi i materiali spirituali e poetici per la costruzione del celebre inno di Maria, il Magnificat. *Comune è la speranza: è l'abbandono fiducioso all'azione divina, anche quando incombono le sconfitte dei giusti e dei poveri della terra. Le vie del Signore non sono le nostre, ma approdano, sia pure lentamente, a un orizzonte di giustizia.*

L'esultanza si trasforma in canto di lode e di speranza per tutti i poveri del Signore, coloro che, come Maria e suo figlio, sono umili, poveri, affamati e giusti. I "piccoli" del mondo si sentono rappresentati da Anna e da Maria.

Preghiera

Ave, o piena di grazia: la maledizione è finita, la corruzione è dissolta, la tristezza è cessata, la gioia è fiorita, si è attuato il lieto annunzio dei profeti!

(Testo di Gregorio di Nissa, IV secolo)

Maria, serva del Signore, prega per noi!

VII

MARIA, ARCA DELLA NUOVA ALLEANZA

Madre dell'Altissimo

Dal secondo libro di Samuele

Davide si alzò con tutto il suo popolo e partì da Baalà di Giuda per prelevare l'arca di Dio dedicata al Signore degli eserciti che siede sui cherubini. Caricarono l'arca di Dio su un carro nuovo e l'asportarono dalla casa di Abinadàb. Uzzà e Achìo, figli di Abinadàb, guidavano il carro nuovo. Uzzà stava presso l'arca di Dio e Achìo camminava davanti ad essa. (...)

Giunti all'aia di Nacon, Uzzà stese la mano verso l'arca di Dio e la afferrò perché i buoi avevano deviato. Allora si accese l'ira del Signore contro Uzzà e Dio lo abbattè lì per quella temerità ed egli morì presso l'arca di Dio. (...)

In quel giorno Davide ebbe timore del Signore e disse: «Come potrà venire da me l'arca del Signore?». Davide non volle trasportare presso di sé l'arca del Signore nella

Città di Davide, ma la fece condurre alla casa di Obed-Edom di Gat. L'arca del Signore rimase tre mesi nella casa di Obed-Edom, di Gat. Il Signore benedisse Obed-Edom e tutta la sua casa.

Fu riferito al re Davide: «Il Signore ha benedetto la casa di Obed-Edom e tutte le sue cose, a causa dell'arca di Dio». Allora Davide andò e trasportò con festa l'arca di Dio dalla casa di Obed-Edom alla Città di Davide.

Davide danzava con tutto l'ardore davanti al Signore, cinto di un *efod* di lino. Così Davide e tutta la casa d'Israele trasportarono l'arca del Signore con acclamazioni e con suono di corno.

2Samuele 6,2-4.6-7.9-15

«Maria è l'arca che contenne la manna, la legge e la verga di Aronne», si canta nell'ufficiatura siro-maronita della festa della Presentazione di Maria al tempio. Giovanni di Dará (IX secolo), monaco della Chiesa siro-orientale, afferma: «L'arca d'Israele era di legno ma placcata d'oro all'interno e all'esterno. Presso il popolo d'Israele l'oro e il legno simboleggiavano l'unione della divinità con l'umanità. L'arca placcata d'oro all'interno e all'esterno è simbolo di Maria, la santa madre di Dio: al di fuori significava l'impassibilità di Maria, lontana da ogni im-

purità e spudoratezza femminile; l'oro all'interno indicava lo Spirito Santo, che doveva abitare in tutto il suo intimo».

Potremmo continuare a lungo, con Padri della Chiesa celebri e scrittori cristiani poco noti, nelle applicazioni mariane attribuite all'arca dell'alleanza tra Dio e Israele, il santuario mobile del deserto, traslato poi da Davide a Gerusalemme (la «Città di Davide»), per attribuire alla sua nuova capitale un avallo anche sacrale.

Nel pellegrinaggio narrato in 2Samuele 6, l'arca rivela la sua energia sacra, invalicabile ai profani e accessibile solo ai sacerdoti (Uzzà che, vedendola pencolare sul carro, la sorregge, viene fulminato sull'istante). Di fronte a questa rivelazione del "tremendum" insito nella maestà divina, Davide reagisce con un'esclamazione stupita: «Come potrà venire da me l'arca del Signore?!» (v. 9). Questa esclamazione rivela un parallelismo significativo con l'esclamazione di Elisabetta di fronte a Maria («A che debbo che la madre del mio Signore venga a me?», Luca 1,43). È questo forse il centro della comparazione tra l'arca dell'alleanza, sede della presenza di Dio, e Maria, sede in Cristo della perfetta presenza divina in mezzo agli uomini.

In un suo famoso studio pubblicato a Parigi nel 1957, l'esegeta francese René Laurentin identificava all'interno del racconto della visita di Maria a Elisabetta una specie di ricalco del racconto della traslazione dell'arca a Sion.

Luca farebbe affiorare nel suo testo degli ammiccamenti, così da presentare Maria come l'arca della nuova alleanza, accompagnata nel viaggio da manifestazioni di gioia ed esultanza.

Maria è il luogo privilegiato dell'epifania di Dio, in lei ci viene mostrato e offerto il Salvatore del mondo. È colei «che ha racchiuso nel suo ventre verginale e santo colui che è incontenibile» (Cirillo d'Alessandria), è l'«arca dell'alleanza che dentro di sé porta Dio stesso» (Romano il Melode).

Preghiera

Tutti ti inneggiano quale tempio del vivente, o madre di Dio!

Rallegrati, o tenda di Dio e del suo Verbo, santa più eccelsa dei santi, arca d'oro dello Spirito, tesoro inesauribile della Vita!

Rallegrati, o diadema prezioso di re santi, torre incrollabile della Chiesa!

(Inno del V sabato di Quaresima della liturgia bizantina)

Maria, arca della nuova alleanza, prega per noi!

VIII

MARIA, VERGINE FIGLIA DI SION

Madre di Dio

Dal libro del profeta Sofonia

Gioisci, figlia di Sion, rallegrati, Israele,
gioisci ed esulta di tutto cuore, figlia di Gerusalemme:
Il Signore ha cancellato i decreti della tua condanna,
ha sviato altrove il nemico.
Il Signore, re d'Israele, è in mezzo a te,
non avrai più da temere la sventura.
In quel giorno si dirà a Gerusalemme:
«Non temere, Sion, non ti lasciar cadere le mani!
Il Signore tuo Dio è in mezzo a te,
egli è un guerriero che salva!
Egli esulterà di gioia per te, ti rinnoverà col suo amore,
danzerà per te, giubilando, come nei giorni di festa».

Sofonia 3,14-18

Sion è il centro della bellezza, della gioia, ma anche del dolore di ogni fedele della Bibbia. Nel grembo di Gerusalemme e di Maria, in gradi e forme differenti, si rivela al mondo il Dio-Emmanuele attraverso alcuni simboli che la stessa Scrittura ci offre: lo spazio, *il* centro, *la* femminilità.

Sion è «il luogo che Yhwh ha scelto perché vi abiti il suo nome» (1Re 11,13; 2Re 21,4; 23,27). È dunque, una città-Emmanuele, «Dio è in mezzo ad essa», uno spazio *mistico nel quale si incontrano cielo e terra.*

Il monte di Sion si erge al centro *di Gerusalemme, ed ha un potere di attrazione per tutti i popoli della terra perché in esso risiede «la santa dimora dell'Altissimo». Il centro è, però, spesso raffigurato dalla Bibbia con immagini "idriche", anche se Gerusalemme è di per sé arida: «In quel giorno sgorgheranno acque vive da Gerusalemme» (cf Zaccaria 14,8; Ezechiele 47,2-12). L'acqua è simbolo di fecondità e di vita: è così pronta la terza simbologia, più "personalistica", quella di Sion come donna.*

La simbolica femminile, *passa attraverso tutte le sfumature e le qualità dell'essere donna: sposa (che rappresenta il versante più libero e personale della femminilità), madre (il lato più "istintivo e fisiologico", che soffre, genera, nutre e protegge), vedova, sterile (il momento della prova, dell'oscurità e della disperazione), figlia (amata da Yhwh che le è sposo e padre e madre).*

I lineamenti "mariani" dell'icona di Sion sono quelli costanti della mariologia classica, ora riproposti in modo unitario. In Maria le due coordinate "spaziali" s'intrecciano mirabilmente: essa è sede della più alta presenza di Dio nel Figlio Gesù; in lei il "centro" acquista un significato particolare attraverso l'incarnazione.

Tutto l'arco delle relazioni d'amore interpersonali è applicato a Maria, come lo era per Sion nei confronti di Yhwh nell'Antico Testamento. Maria è sposa non solo di Giuseppe, ma anche di Dio e dello Spirito, come ama ripetere spesso la tradizione cristiana. Maria è naturalmente anche «madre di Dio». Come sposa e madre, diventa segno della Chiesa che genera, nell'eucaristia e nella Parola, il Cristo, e nel battesimo nuovi figli di Dio.

Come Sion sterile, i cui figli non sono frutto di generazione carnale ma di grazia, così anche Maria è madre «vergine», che genera «non da sangue né da volere di carne». Sion, si è detto, è anche madre vedova e sofferente, eppure resta sempre feconda. Anche Maria ai piedi della croce giunge all'estrema sofferenza e "vedovanza", perdendo il Figlio. Ma proprio in quell'istante riceve come figli i fratelli del Cristo, i figli adottivi di Dio, tipizzati nel discepolo che Gesù amava, continuando così nei secoli la sua missione materna.

Maria è per eccellenza «la figlia di Sion» nel cui grembo Dio è presente in modo supremo. In Maria la Parola divina si fa carne, assumendo umanità e storia in modo pieno e perfetto.

Preghiera

Ave, abitazione della divinità, colui che i cieli non possono contenere, è contenuto nel tuo seno, Benedetta!

Ave, trono infuocato!

Ave, montagna intatta, dimora di ogni onore: in te abita la pienezza della divinità per volontà dell'eterno Padre e per intervento dello Spirito Santo!

Ave, o piena di grazia, il Signore è con te!

(Lode mariana dell'innografo Anatolio, VII secolo)

Vergine, figlia di Sion, prega per noi!

IX

MARIA, VITTORIOSA CONTRO IL MALE

Madre potente

Dal libro di Giuditta

Oloferne diede ordine a tutto il suo esercito e a tutta la moltitudine di coloro che si erano aggiunti a lui come alleati di muovere il campo contro Betulia, la città degli Israeliti. (...)

Giuditta venne a conoscenza di questi fatti e dopo aver invocato il Dio d'Israele si recò da Oloferne. Quando si trovò alla presenza di lui e dei suoi aiutanti, tutti rimasero stupiti della bellezza del suo volto. (...)

Oloferne si deliziava per causa di lei e bevette del vino in grande quantità, quanto non ne aveva mai bevuto in un solo giorno da quando era nato. Quando si fece tardi, i servi di Oloferne si affrettarono a ritirarsi. (...) Giuditta rimase sola nella tenda, mentre Oloferne era sprofondato nel suo letto, annegato nel vino. (...)

Tutti si erano allontanati dalla loro presenza e nessuno, né grande né piccolo, era rimasto nella camera. Giuditta, ritta presso il letto di Oloferne, disse in cuor suo: «O Signore, Dio onnipotente, guarda propizio in quest'ora alle opere delle mie mani per l'esaltazione di Gerusalemme. È questo il momento di soccorrere la tua eredità e di compiere il mio progetto per la rovina dei nemici che sono insorti contro di noi». Avvicinatasi alla colonna del letto, situata dalla parte del capo di Oloferne, ne staccò la scimitarra e avvicinatasi al letto afferrò la testa di lui per la chioma e disse: «Dammi forza, o Signore, Dio d'Israele, in questo giorno» e con tutta la sua forza lo colpì per due volte al collo e ne staccò la testa.

Giuditta 7,1; 8,1; 10,23; 12,20–13,8

Il racconto di Giuditta è non tanto storico, quanto emblematico, simile a una parabola. È un condensato e un intarsio di temi, di allusioni, di citazioni, di modelli biblici, in particolare quello della scelta dell'ultimo e del debole, oltre al relativo ribaltamento delle sorti. Il debole è difeso da Dio ed è per questo che prevale sul violento.

I personaggi sono emblematici e agiscono all'interno di una trama edificante: Giuditta è la giudea fedele, cioè Israele giusto; Betulia (la terra di Giuditta), «casa di

Dio», è Gerusalemme, vedova difesa da Dio o Israele sofferente e perseguitato (cf Isaia 54,4-5); l'oppressore Oloferne (il generale supremo dell'esercito di Nabucodònosor) è incarnazione dell'orgoglio e della concupiscenza; mentre la vita di Giuditta è la rappresentazione dell'osservanza giudaica nella fede, nella preghiera e nella penitenza. L'insieme diventa, perciò, una parabola per rilanciare un messaggio antico e sempre nuovo: la fiducia in Dio, l'osservanza della Legge, la fedeltà all'alleanza sono lo scudo di Israele.

Giuditta deve la sua fama al gesto glorioso e truculento (l'assassinio del generale nemico) che sigilla la sua storia, all'essere emblema di umiltà e di continenza contro il superbo e lussurioso Oloferne, all'interpretazione mariana della sua figura. Essa è, infatti, prototipo di colei che vince la violenza, il male, l'Anticristo con la sua umiltà.

L'applicazione mariana, ritrova le grandi matrici bibliche degli altri passi «femminili» dell'Antico Testamento: la debolezza del povero, della vittima, del perseguitato, attira l'attenzione del Creatore del cielo e della terra che si schiera dalla sua parte; l'arroganza del prepotente viene umiliata proprio dalla sua vittima; la gloria dell'uomo nasce dalla salvezza divina; la fiducia e la speranza sono le virtù più preziose che generano fortezza; la storia non è un groviglio cieco e scandalosamente intricato di eventi perché in essa si stende anche il filo della salvezza divina.

Tutti questi temi avvolgono e illuminano la figura di Maria, cantata dalla Chiesa come nuova Giuditta, che piega la forza del male nel nome del suo Signore.

Preghiera

Sotto la tua protezione cerchiamo rifugio, Santa Madre di Dio: non disprezzare le suppliche di noi che siamo nella prova e liberaci da ogni pericolo, o Vergine gloriosa e benedetta.

(Preghiera composta in Egitto nel III secolo, prima invocazione mariana a noi nota)

Maria, donna vittoriosa contro il male, prega per noi!

X

MARIA, AVVOCATA NOSTRA

Madre clemente

Dal libro di Ester

In quel tempo, Mardocheo fece riferire alla regina Ester: «Ricordati dei giorni della tua miseria, quando fosti nutrita da me, perché Amàn, ministro del re Assuero, ha parlato contro di noi per condurci a morte. Invoca il Signore e parla al re in nostro favore; salvaci dalla morte».

Ester replicò a Mardocheo: «Tutti i dipendenti del re e il popolo delle province sanno che chiunque vada dal re nella corte interna, senza essere stato chiamato, deve essere messo a morte, secondo la legge, a meno che il re stenda verso di lui lo scettro d'oro; in tal caso sarà salvo. Io non vengo chiamata per andare dal re da trenta giorni». (...) Quindi aggiunse: «Va', raduna tutti gli Ebrei che si trovano a Susa e digiunate per me; non mangiate né bevete per tre giorni, né di notte né di giorno; anche io e le mie serve digiuneremo. Così io andrò dal re, contrariamente alla legge, e se bisognerà morire, morirò».

Ester 4,8-11.16

Il libro di Ester è sostanzialmente una parabola esemplare, talmente ricca da farne vivamente suggerire la lettura integrale. Ester è giudea, orfana di padre e di madre, adottata da un cugino, Mardocheo. È una «donna di presenza bellissima e di aspetto affascinante» (2,7), e viene scelta dall'harem del re Assuero, tra le molte aspiranti, come regina. Il più alto ministro, Amàn, corrotto e ferocemente antisemita, istiga il re a emanare un editto per lo sterminio degli ebrei disseminati in tutte le province del regno. Allora Ester inizia tre giorni di digiuno e preghiera, elevando una supplica che si fa voce di tutti i perseguitati e gli oppressi, da cui traspare la sua delicata femminilità, percorsa contemporaneamente dall'ansia e dalla fiducia, dal timore e dalla certezza del sostegno divino.

Conclusa la preghiera, Ester si presenta davanti al re Assuero per tentare la sua rischiosa missione di ambasciatrice per la giustizia e la salvezza del suo popolo. La gioia riappare sul volto d'Israele attraverso la parola e la persona di una donna, la realtà meno considerata nel mondo orientale.

È proprio sul tema dell'intercessione di Ester che si stabilisce un ponte tra la bella giudea e Maria. Come la prima placa il sovrano persiano, così Maria si rivolge al Re di tutte le cose per placarlo nel giorno del giudizio, facendo sì che il suo amore prevalga sulla giustizia.

Già nel II secolo Ireneo usa per Maria il titolo di advocata. *Da quel momento in avanti il tema risuonerà nella devozione mariana. Il patriarca Severo di Antiochia, morto nel 538, cantava in un inno: «Se anche i santi possono intercedere per gli uomini, a maggior ragione la madre di Dio, da tutti loro onorata». Romano il Melode, grande poeta siro del VI secolo, fa dire alla Madonna queste parole, in risposta all'amara implorazione di Adamo ed Eva per il loro peccato: «Ponete fine ai lamenti! Io mi farò vostra avvocata presso mio Figlio. Abbandonate ogni paura: andrò io, piena di grazia da lui a parlargli!». Germano, patriarca di Costantinopoli, morto verso il 733, mette queste parole sulle labbra di Dio, come sigillo solenne alla funzione di mediatrice di Maria: «Io ti costruirò quale ponte di coloro che sono scossi dai marosi, arca di quelli che si salvano, intercessione per i peccatori e scala che ha il potere di far salire gli uomini al cielo»* (III Omelia sulla Dormizione di Maria).

Preghiera

O Regina, aiutaci, muoviti a pietà di noi, affrettati, stiamo per soccombere sotto il peso dei peccati.

Non rimandare delusi i tuoi servi poiché tu sola sei la nostra speranza!

Se non fossi stata tu a intercedere, chi ci avrebbe liberato da tanti pericoli?

Chi ci avrebbe preservati immuni fino a ora?

O Regina, non ci allontaneremo da te perché tu salvi sempre i tuoi servi da ogni sventura.

(Inno di supplica a Maria della Chiesa greca)

Santa Maria, avvocata nostra, prega per noi!

XI

MARIA, SPLENDORE DI GRAZIA

Madre e sposa

Dal Salmo 45

Effonde il mio cuore liete parole,
al re declamo il mio poema.
Stilo d'abile scriba sia la mia lingua.
Tu sei il più bello tra i figli dell'uomo,
sparsa è la grazia sulle tue labbra,
per questo Dio ti ha benedetto per sempre.
Cingi ai fianchi la tua spada, o eroe;
rivestiti di maestà e di decoro
e avanza con successo. (...)
Una figlia di re a te viene incontro
qual regina alla tua destra, in oro di Ofir.
Ascolta, o figlia, e vedi:
protendi il tuo orecchio e dimentica il tuo popolo
e la casa di tuo padre.

Piaccia al re la tua bellezza;
poiché egli è il tuo signore: rendigli omaggio.

Salmo 45(44),2-5.10-12

Tra le più originali e pittoresche composizioni del Salterio, il Salmo 45(44) è un carme nuziale, rielaborato già in chiave messianica al suo stesso ingresso nella collezione dei Salmi e sicuramente dalla tradizione giudaica e cristiana; interpretato poi in chiave ecclesiale e morale da vari commentatori cristiani antichi; riletto in chiave mistica sulla scorta dell'interpretazione allegorica del Cantico dei Cantici; trasformato poi dalla liturgia cristiana in salmo mariano.

La figura della regina è tratteggiata con estrema raffinatezza. Sta per abbandonare il palazzo del padre e, con uno sfarzoso corteo nuziale, sta per dirigersi verso il palazzo dello sposo, secondo la prassi tradizionale evocata anche dal Cantico dei Cantici (cf 3,6-11) e dalla parabola delle dieci vergini, narrata da Gesù in Matteo (cf 25,1ss). Nelle riletture spirituali il momento dell'introduzione nel palazzo del marito si trasforma nella rappresentazione dell'incontro tra Yhwh e Sion, tra Dio e Israele, tra il Signore e l'anima.

Il ritratto della sposa è stata la parte amata dalla rilet-

tura mariologica. Pietro Crisologo, vescovo di Ravenna nel V secolo, amava interpretare il nome «Maria» come Domina, *«Signora». «Vergine, sposa, diadema prezioso» è cantata dall'*Inno Acatisto.

«Al re piacerà la tua bellezza». Essa appare «tutta splendida», ornata di una luce simile a quella che accompagna la gloria divina. È come un'irradiazione nel suo incedere verso l'interno del palazzo reale. È quasi una teofania che mozza il respiro.

Naturalmente, per i Padri della Chiesa il simbolismo è di tipo etico: «I vestiti preziosi della regina – commenta Atanasio – sono la fede, la speranza e la carità»; mentre san Giovanni Crisostomo vi vedrà un segno della verginità, «vestito fiorito e abito dorato della Chiesa».

Facile è immaginare quali siano i tratti del volto di Maria disegnato in questa icona modellata sul Salmo 45, che resta un canto alla vita, alla bellezza, all'amore, evocazione sintetica del sublime Cantico dei Cantici, in cui tutto converge verso l'eterna e sempre nuova professione d'amore: «Il mio amato è per me e io sono sua» (Cantico dei Cantici 2,16; 6,3). Maria è per eccellenza la Sposa di Dio e la Regina.

Preghiera

Venite, ricordiamo con cuore puro e animo sobrio la figlia del re, lo splendore della Chiesa, più brillante dell'oro, e magnifichiamola!

Salve, gioisci, sposa del gran Re, tu che splendidamente rifletti la bellezza del tuo sposo, ed esclami col tuo popolo: «O datore di vita, noi ti magnifichiamo!»

(Ode di Andrea da Creta, tratta dal Canone per la concezione di Maria*)*

Maria, splendore di Grazia, prega per noi!

XII

MARIA, SEDE DELLA SAPIENZA

Madre della creazione

Dal libro del Siracide

Io sono uscita dalla bocca dell'Altissimo
e come vapore ho ricoperto la terra.
Ho abitato nelle altezze del cielo,
avevo il trono in una colonna di nubi.
Io sola ho fatto il giro del cielo
e ho passeggiato nel profondo degli abissi. (...)
Il Creatore di tutto mi diede un comando,
il mio Creatore mi ha dato una sede per riposare
e mi ha detto: "Fissa la tenda in Giacobbe,
sia in Israele la tua eredità".
Egli mi ha creato all'inizio, prima dei secoli,
e non verrò meno, mai.
Ho officiato davanti a lui, nella tenda sacra
risiedendo in Sion.

Nella città che ama mi ha fatto abitare;
il mio potere è ora in Gerusalemme.
Ho messo radici in mezzo a un popolo glorioso,
ho avuto l'eredità nella porzione del Signore.

Siracide 24,3-5.8-12

Nell'Antico Testamento sono numerosi i testi che mettono in scena la Sapienza divina come una donna che si presenta sulla ribalta del mondo per offrire il suo dono. La tradizione cristiana ne registra poi una traslazione di significati, attraverso una serie di passaggi, fino a scorgere in quel profilo femminile anche la figura di Maria, Madre del Signore, «sede della Sapienza», come recita una delle invocazioni delle Litanie Lauretane *che ha alimentato la ricerca dei fedeli lungo i sentieri della verità e della volontà del Signore, che ha stimolato la prudenza, il consiglio, la saggezza, virtù dello Spirito.*

Nel libro del Siracide, come in quello dei Proverbi, la Sapienza si presenta come una realtà bifronte, che rappresenta molto bene la sua funzione di mediazione tra Dio e il creato. Essa è trascendente, è opera dell'attività creatrice divina («esce dalla bocca dell'Altissimo»), eppure ha un effetto sull'ordine del cosmo e dell'uomo, e il Creatore stesso la invita ad entrare nel mondo (a «porre le radici in mezzo a un popolo glorioso»). Questi due poli, divino e umano, sono capitali per comprendere l'applicazione cristologica: Cristo è, infatti, vero Dio e vero uomo. In senso più allentato è, invece, da intendere – come è ovvio – l'applicazione mariologica: come Madre di Dio, in Maria rifulge la divinità attraverso il Figlio da lei generato, mentre la sua umanità perfetta incarna il progetto divino sulle creature.

In sintesi, la Sapienza si presenta come radice dell'essere creato, come sorgente di armonia, come ponte di comunicazione tra Creatore e creatura, come riflesso della bellezza di Dio.

L'immagine della Sapienza creatrice ha sollecitato nel Nuovo Testamento e nella tradizione cristiana l'applicazione al Cristo, chiamato da Paolo «Sapienza di Dio» (1Corinzi 1,24.30), «immagine del Dio invisibile» (Colossesi 1,15). Un ausilio significativo per la realizzazione di questa «icona» l'offrirà la figura di Salomone, sovrano perfetto e sapiente, superato solo dal Cristo: «Ora qui c'è più di Salomone» (Matteo 12,42). Il suo trono, descritto in 1Re 10,19-20, diverrà appunto una sedes sapientiae *e sarà riferito a Maria già nell'XI secolo con Pier Damiani. La Vergine, fonte della sapienza e del consiglio, verrà fatta assidere su questo trono ideale, reggendo in grembo Gesù bambino, «nel quale sono nascosti tutti i tesori della sapienza e della scienza» (Colossesi 2,3).*

Preghiera

Beata sei tu, regina della sapienza e della giustizia.

La tua esistenza è prima dei cieli e della terra, il sole e la luna non ti hanno preceduto, gli angeli del cielo ti servono.

Germogliata dalla mente del Padre, come sapienza radiosa, hai il volto bello come il sole e la luna perché lo Spirito di sapienza ti ha visitata!

(Testo tratto da un inno etiopico del XV secolo)

Maria, sede della Sapienza, prega per noi!

XIII

MARIA, GIARDINO INTATTO

Madre di tenerezza

Dal Cantico dei Cantici

Tutta bella sei tu, amica mia,
e nessuna macchia è in te.
Vieni dal Libano, o sposa,
vieni dal Libano, ritorna!
(...) Mi hai ferito il cuore,
mia sorella, sposa,
mi hai ferito il cuore
con uno solo dei tuoi sguardi,
con una sola gemma della tua collana.
Come sono belle le tue carezze,
mia sorella, sposa,
quanto migliori del vino le tue carezze,
e il profumo dei tuoi unguenti più soave di tutti gli aromi!

Un giardino chiuso tu sei,
mia sorella, sposa,
un giardino chiuso, una fonte sigillata.

Cantico dei Cantici 4,7-10.12

Il «Cantico dei Cantici» ha una titolatura emblematica, Shir hasshirim, *cioè il Cantico sublime, il Cantico per eccellenza dell'amore e della vita. La lettura mariologica del Cantico è un atto di libera interpretazione che assume particelle del testo e soprattutto la sua folgorante simbologia, attribuendovi iridescenze, tonalità, ammiccamenti, valori inediti, comprensibili solo nell'arco globale della Rivelazione e della Tradizione.*

Se qualche applicazione mariana è facilmente reperibile già nei Padri della Chiesa, la sposa del Cantico diventa in modo continuo Maria, nell'opera di Ruperto di Deutz (1075-1130), abate benedettino di Sant'Eriberto. E lo è sulla base del legame nuziale mistico di Maria con Dio attraverso lo Spirito Santo, il cui frutto è la nascita del Cristo. Da allora questa interpretazione avrà un grande successo, anche nell'arte cristiana.

Onorio di Autun, morto attorno al 1160, invitava a trasferire tutta l'interpretazione «ecclesiale» del Cantico da lui compiuta in chiave mariana: «Poiché Maria stessa costituisce il tipo della Chiesa, tutto quanto è detto della Chiesa può ugualmente essere affermato della Vergine stessa come sposa e madre dello Sposo».

Le virtù di Maria vengono tutte rintracciate nei simboli che descrivono la Sulammita, la protagonista del Cantico. L'immacolata concezione viene intravista nell'espressione «Tutta bella tu sei, amica mia, in te nessuna macchia» (4,7). Maria è invocata nelle Litanie Lauretane *come «torre di Davide» (4,4). L'assunzione della Madonna è vista nell'appello dello sposo «Alzati, amica mia, mia tutta bella, e vieni» (2,10). La sua incoronazione a regina è, invece, scorta nei versetti 7-8 del capitolo 4: «Vieni dal Libano, o sposa, e sarai incoronata» (l'originale non ha questa menzione dell'incoronazione). Maria è cantata regina dei cieli sulla base dell'interrogativo retorico: «Chi è costei che sorge come l'aurora, bella coma la luna, fulgida come il sole, terribile come schiere a vessilli spiegati?» (6,10). Addirittura molte raffigurazioni mariane dette «Madonna nera» hanno come punto di partenza proprio la donna del Cantico che si autopresenta così: «Io ho la pelle scura ma sono affascinante» (1,5).*

Tra tutti i simboli del Cantico, la devozione mariana ha privilegiato quello del «giardino chiuso», descritto con immagini esotiche e «paradisiache» nel capitolo 4. L'archetipo che il poeta ha in mente è quello generativo e materno, valorizzato dalla presenza delle acque fecondatrici (la «sorgente sigillata»). L'idea è, quindi, quella di uno spazio vivo e fecondo, ma soprattutto sacro, come appare dall'insistenza sulla menzione della chiusura e del sigillo. Fecondità e inviolabilità, maternità e verginità, vita e sacralità si fondono insieme e rendono facile l'applicazione a Maria Vergine e Madre. Ma nel dettato originale del Cantico quel giardino «chiuso» incarna soprattutto l'idea di mistero invalicabile. È uno spazio simbolico in cui sono racchiuse tutte le virtù di Maria, incarnate dalle varie essenze, a partire dalla qualità primaria, quella della verginità.

Preghiera

Stella del mare, aurora, giardino tutto intatto,
Santa Maria, fonte sigillata, giardino chiuso, nel quale scorre balsamo,
Santa Maria, cedro del Libano, rosa di Gerico, tu sei sopra gli angeli tutti,
Santa Maria!

(Litania tratta dall'antico canto mariano tedesco di Melk)

Maria, madre di tenerezza, prega per noi!

XIV

MARIA, VERGINE DELLE VERGINI

Madre del Messia

Dal libro del profeta Isaia

Isaia disse: «Ascoltate, o casa di Davide! Forse è poco per voi lo stancare gli uomini, che volete stancare anche il mio Dio? Perciò il Signore stesso darà a voi un segno. Ecco, la giovane donna concepirà e partorirà un figlio, e gli porrà nome Emmanuele. Egli mangerà panna e miele, fin quando saprà rigettare il male e scegliere il bene. (...)

Il popolo che camminava nelle tenebre
vide una grande luce;
su coloro che abitavano un paese tenebroso
risplendette una luce.
Hai moltiplicato la gioia,
hai causato grande letizia. (...)
Poiché un bambino ci è nato,
un figlio ci è stato donato;

sulle sue spalle riposa l'impero
e lo si chiama per nome:
Meraviglioso consigliere, Dio potente,
Padre per sempre, Principe della pace.

Isaia 7,13-15; 9,1-2.5

Siamo di fronte a uno dei passi più noti della profezia di Isaia, il celebre annunzio della nascita dell'Emmanuele. Matteo lo riprende nel suo vangelo e lo vede realizzato, nella sua pienezza di significato, nella nascita del Cristo, solo sperata e intuita dal profeta: «Tutto questo avvenne perché si adempisse ciò che era stato detto dal Signore per mezzo del profeta: Ecco, la vergine concepirà e partorirà un figlio che sarà chiamato Emmanuele, che significa Dio con noi» *(Matteo 1,22-23). Il segno isaiano, divenuto messianico in senso pieno, si fa, così, cristologico: l'Emmanuele perfetto, intravisto in modo limitato in Ezechia (l'erede giusto e fedele, che doveva succedere all'empio re Acaz), ora sfolgora nel «Dio-con-noi» Gesù di Nazaret, figlio di Dio in senso pieno.*

L'applicazione dell'oracolo al Cristo trascina con sé anche quella mariana. La «giovane donna», madre di Ezechia, si trasfigura e diventa la madre del Messia perfetto, Maria.

Nel suo Commento a Isaia, *san Giovanni Crisostomo, patriarca di Costantinopoli, morto nel 407, affermava: «Se non fosse stata vergine, non si sarebbe trattato di un segno, cioè qualcosa di inusuale e di grandioso, tale da impressionare coloro che vedono e che ascoltano. Se il discorso si riferisse a una donna che genera secondo le leggi della natura, perché avrebbe dovuto chiamare segno ciò che accade ogni giorno? Perciò, Isaia, esordendo, non ha detto semplicemente: "Ecco* una *vergine", ma: "Ecco* la *Vergine!". Con l'aggiunta dell'articolo alludeva a una vergine unica, distinta dalle altre».*

Un'altra meditazione, di taglio poetico, l'attingiamo da uno dei venti inni sulla Vergine attributi a Efrem Siro: «La vergine concepirà, cantò Isaia. Ma non spiegò chi, dove, quando sarebbe accaduto. In Maria risuonò alta la voce della profezia, perché fu resa nota in lei, piena di portento prodigioso. (...) In Maria furono spiegati gli arcani degli occulti libri profetici. Da essa spuntò il sole di giustizia e al suo spuntare illuminò tutta la terra. (...) In Maria si sono adempiuti tutti i simboli, i segni; gli annunzi in lei ebbero termine».

Un inno del Fanqito, *cioè l'Ufficio domenicale e festivo dei cristiani maroniti del Libano, recita: «Isaia, perché sei silenzioso? Prendi l'arpa e convoca i profeti: le loro profezie si sono realizzate, le loro visioni si sono compiute. Ecco, una nostra figlia, più eccelsa degli angeli e più pura degli eletti, profumata come il mirto, è stata scelta dal Creatore universale. È più bella del sole e della luna, più alta dei cieli. Benedetto colui che in lei si incarnò e la magnificò!. (...) Chiesa, sii in festa e canta: Benedetto colui che in lei si è incarnato e l'ha esaltata!».*

Preghiera

O Vergine Immacolata, madre di Dio e piena di grazia,

Colui che tu hai portato è l'Emmanuele, il frutto del tuo seno.

Tu, o Maria, sorpassi ogni lode!

Io ti saluto, Maria, madre di Dio e gloria degli angeli, perché tu oltrepassi in pienezza di grazia tutti gli annunci dei profeti!

Il Signore è con te: tu partorisci il Salvatore del mondo.

(Invocazione mariana trovata su un coccio di terracotta egiziano, III secolo)

Santa Vergine delle vergini, prega per noi!

XV

MARIA, CITTÀ DEL GRAN RE

Madre degna di onore

Dal libro del profeta Isaia

Esulterò grandemente nel Signore,
e si rallegrerà l'anima mia nel mio Dio,
perché mi ha rivestito con le vesti della salvezza,
e mi ha ricoperto con il manto della giustizia,
come uno sposo che si mette il diadema
e come una sposa che si adorna dei suoi gioielli.
Poiché come la terra produce la vegetazione
e il giardino fa germogliare i suoi semi,
così il Signore Dio farà germogliare la giustizia
e la lode di fronte a tutte le nazioni. (...)

Tu sarai una splendida corona nella mano del Signore,
una tiara regale nella palma del tuo Dio.
Non ti si dirà più «Abbandonata!»,
né la tua terra si dirà più «Devastata!»,

poiché sarai chiamata «Mio Piacere»,
e la tua terra «Sposata»;
perché il Signore trova piacere in te
e la tua terra ha uno sposo.
Sì, come un giovane sposa una vergine,
così ti sposerà il tuo costruttore;
come gioisce lo sposo della sua sposa,
così il tuo Dio gioirà di te.

Isaia 61,10-11; 62,3-5

Nei capitoli 61 e 62 del profeta Isaia ci si incontra con una specie di Magnificat *anticotestamentario. Ad aprire il canto è la stessa Gerusalemme personificata che innalza a Dio il suo inno di lode e di ringraziamento. Come Maria, che nel suo cantico dice: «Il mio spirito esulta in Dio mio salvatore» (Luca 1,47).*

Il profeta descrive una grandiosa celebrazione nuziale di stampo regale. Attraverso la simbologia nuziale – inaugurata nel suo valore teologico da Osea, sviluppata da Ezechiele (capitolo 16), dal Secondo Isaia (capitolo 54) e applicata anche dal Cantico dei Cantici – ha voluto esaltare il suo annunzio di speranza e di gioia per la nuova era di salvezza che si sta inaugurando. Tutto è avvolto nella bellezza, nella gioia, nella fecondità.

Tra Dio e Sion si stabilisce una relazione intima d'amore. La nuzialità e la maternità di Sion, divenute simbolo ecclesiale, vengono ripresentate in chiave mariana. La gioia e l'esultanza di Sion diventano quelle del Magnificat*; la veste e il manto si trasformano nell'«ombra dell'Altissimo» (Luca 1,35) che copre Maria; la fecondità che fa germogliare la giustizia-salvezza, è la maternità divina che genera la salvezza (cf Luca 1,69.77; 2,30). La «lode» e la «gloria» che tutti i popoli contemplano (v. 11) diventano il Cristo stesso, «luce per illuminare le genti e gloria del tuo popolo, Israele» (Luca 2,32). Il grembo di Sion, segno di fecondità sacra, diventa il grembo di Maria da cui nasce la Vita stessa (cf Luca 1,42).*

Il testo di Isaia possiede una straordinaria forza poetica, che si snoda in un complesso gioco di immagini. Sion è contemporaneamente la sede della festa nuziale, ma anche una madre e una sposa impaziente nei preparativi del suo abbigliamento nuziale. Lo sposo appare come il sole, atteso con ansia all'alba. Finalmente brilla col suo pieno splendore: la città con le sue mura inondate di luce sembra rifulgere come una corona d'oro. Essa, allora, cambia di nuovo valore: diventa la corona che lo sposo re impone sul capo della regina. In quel giorno essa riceverà il nuovo nome matrimoniale: al nome triste del passato, «Abbandonata», «Devastata», si sostituirà quello glorioso e festoso delle nozze, «Mio piacere», «Sposata».

A questo punto la storia scioglie il suo significato recondito teologico: la gioia della luna di miele che il re attende con trepidazione e poi vive, è la stessa che il Signore gusta, mentre si abbandona all'amore del suo popolo.

Riappare, quindi, l'icona di Maria, modellata sulla personificazione di Sion come sposa bellissima e madre eccezionale.

Preghiera

Come ti chiamerò, o vergine tutta santa?

Come ti chiamerò, o città del gran Re, o castello ornato del Re dei Re?

Come ti chiamerò, o scala eccelsa e santa, sulla cui sommità si trova il Signore che gli angeli glorificano?

Come ti chiamerò, o sposa perfetta, tu che hai generato l'Emmanuele, il nostro Signore Gesù Cristo?

Come ti chiamerò, o giustizia, o misericordia, che s'incontrano e s'abbracciano tra loro secondo la voce dei profeti?

(Inno tratto dalla liturgia copta)

Madre, degna di onore, prega per noi!

XVI

MARIA, PIENA DI GRAZIA

Madre e serva del Signore

Dal vangelo secondo Luca

Al sesto mese Dio mandò l'angelo Gabriele in una città della Galilea chiamata Nàzaret, a una vergine sposa di un uomo di nome Giuseppe della casa di Davide: il nome della vergine era Maria. Entrò da lei e le disse: «Salve, piena di grazia, il Signore è con te». Per tali parole ella rimase turbata e si domandava che cosa significasse un tale saluto. Ma l'angelo le disse: «Non temere, Maria, perché hai trovato grazia presso Dio. Ecco, tu concepirai nel grembo e darai alla luce un figlio. Lo chiamerai Gesù. Egli sarà grande e sarà chiamato Figlio dell'Altissimo; il Signore Dio gli darà il trono di Davide, suo padre, e regnerà sulla casa di Giacobbe in eterno e il suo regno non avrà mai fine». Allora Maria disse all'angelo: «Come avverrà questo, poiché io non conosco uomo?». L'angelo le rispose: «Lo Spirito Santo scenderà sopra di te e la potenza dell'Altissimo ti coprirà con la sua ombra; perciò quello che nascerà sarà chiamato santo, Figlio di Dio. Ed ecco, Elisabetta, tua parente, ha concepito anche lei un figlio nella sua vecchiaia, e lei che era ritenuta sterile è già al sesto mese; nessuna cosa infatti è impossibile a Dio». Disse allora Maria: «Ecco la serva del Signore; si faccia di me come hai detto tu». E l'angelo si allontanò da lei.

Luca 1,26-38

Entriamo idealmente anche noi nella Nàzaret antica, villaggio povero, abitato da contadini e gente modesta. Nella grotta di Nàzaret si incontrano Dio e l'uomo, cancellando ogni distanza.

Con san Bernardo attendiamo anche noi la risposta di Maria all'annuncio dell'angelo: «L'angelo aspetta la tua risposta, o Maria! Sta nelle tue mani il prezzo del nostro riscatto. Rispondi presto, o Vergine! Pronuncia, o Signora, la parola che terra e inferi e persino il cielo aspettano. Dà la tua parola e accogli la Parola. (...) Apri, dunque, o Vergine beata, il tuo cuore alla fede, le tue labbra alla parola, il tuo seno al Creatore. Ecco, colui che è il desiderio di tutte le genti, sta fuori e bussa alla tua porta. (...) Alzati, corri, apri! Alzati con la tua fede, corri col tuo affetto, apri col tuo consenso».

Sant'Ambrogio, vescovo di Milano, vede nell'esperienza di Maria in quel giorno la radice di tutta la sua personalità e della sua missione. Là brilla la sua fede senza incrinature; là brilla la salvezza che è offerta a lei per prima («piena di grazia»); là brilla la sua modestia, la sua verecondia, la sua prudenza («era sorpresa dalla formula di benedizione dell'angelo, che non si leggeva né si era mai incontrata fino a quel momento nelle Scritture»).

*La risposta di Maria è formulata con la finale autodefinizione: «Io sono la serva del Signore». Quella parola «serva», divenuta l'*ancilla *della versione latina, non rivela soltanto l'umiltà di Maria. In realtà, il titolo «servo del Signore» è applicato nell'Antico Testamento a tutti quei personaggi che dovevano espletare, per chiamata divina, una funzione decisiva nelle varie tappe della storia della salvezza: «servo del Signore» è Abramo, lo è Mosè, Giosuè, Davide, lo sono i profeti e «Servo del Signore» per eccellenza sarà il Messia.*

Maria rivela, allora, la coscienza che in lei, donna semplice e comune, Dio ha realizzato l'intervento grandioso e definitivo della storia salvifica, «atteso da tutte le generazioni» (Luca 1,49). Maria afferma la piena coscienza della sua vocazione e del suo destino e da questo momento in avanti la sua missione è quella di accogliere il dono sublime di quel Figlio: «Avvenga di me quello che hai detto» (v. 38).

Preghiera

Ave, o piena di grazia, il Signore è con te!

Ave, abitazione della divinità, colui che i cieli non possono contenere, è contenuto nel tuo seno, Benedetta!

Ave, o pia, salvezza d'Adamo, riscatto di Eva, gioia del mondo!

Ave, trono infuocato!

Ave, cattedra celeste del re!

Ave, montagna intatta, dimora di ogni onore: in te, infatti, abita la pienezza della divinità per volontà dell'eterno Padre e per intervento dello Spirito Santo!

Ave, o piena di grazia, il Signore è con te!

(Inno di Anatolio, innografo del VII secolo)

Maria, serva del Signore, prega per noi!

XVII

MARIA, BENEDETTA FRA LE DONNE

Madre dei credenti

Dal vangelo secondo Luca

In quei giorni Maria, messasi in viaggio, si recò in fretta verso la regione montagnosa, in una città di Giuda. Entrò nella casa di Zaccaria e salutò Elisabetta. Ed ecco che, appena Elisabetta ebbe udito il saluto di Maria, le balzò in seno il bambino. Elisabetta fu ricolma di Spirito Santo ed esclamò a gran voce: «Benedetta tu fra le donne e benedetto il frutto del tuo seno. Ma perché mi accade questo, che venga da me la madre del mio Signore? Ecco, infatti, che appena il suono del tuo saluto è giunto alle mie orecchie, il bambino m'è balzato in seno per la gioia. E beata colei che ha creduto al compimento di ciò che le è stato detto dal Signore».

Luca 1,39-45

«Nel saluto di Elisabetta ogni parola è densa di significato, ma ciò che si dice alla fine sembra essere di fondamentale importanza... Nell'espressione "Beata colei che ha creduto" possiamo trovare quasi una chiave che ci schiude l'intima realtà di Maria». È un'affermazione dell'enciclica mariana *Redemptoris Mater* di Giovanni Paolo II.

La benedizione, entrata poi nell'«Ave Maria», è un genere ben noto alla Bibbia. Un segno della benedizione divina era soprattutto la fecondità. Maria è benedetta in senso «costitutivo», cioè «costituita» da Dio stesso nella dignità suprema di Madre del Verbo. Tra l'altro la locuzione «benedetta fra le donne» è espressione semitica per indicare un superlativo, «la più benedetta, la benedettissima». C'è, quindi, un aspetto di gioia, di contemplazione, di ammirazione per l'azione divina in una creatura; ma c'è anche l'aspetto di imitazione che nasce da quell'ammirazione: il «beato» è un esempio di vita per chi lo celebra. Infatti Maria è definita la «Credente» per eccellenza, cioè colei che ci offre un perfetto esempio di fede.

La benedizione-beatitudine di Maria, ci riporta all'Antico Testamento che abbiamo già percorso. Non solo perché, come abbiamo notato, il racconto della Visitazione è modellato su quello della traslazione dell'arca a Gerusalemme (cf 2Samuele 6), ma anche perché le *parole stesse di Elisabetta riflettono echi a noi già noti. Come, ad esempio, il libro di Giuditta, ove l'eroina è così acclamata: «Benedetta sei tu, figlia, davanti al Dio altissimo più di tutte le donne che vivono sulla terra e benedetto il Signore Dio che ha creato il cielo e la terra e ti ha guidato. (...)» (Giuditta 13,18).*

*L'«obbedienza alla fede» pervade tutta l'esistenza di Maria, che diventa la madre dei credenti, in parallelo ad Abramo, «padre della nostra fede» (Romani 4,11). Scrive Giovanni Paolo II: «La fede di Abramo costituisce l'inizio dell'antica alleanza, la fede di Maria dà inizio alla nuova alleanza» (*Redemptoris Mater, *n. 14). In questa luce la figura di Maria, «obbediente nella fede», riprende l'immagine dell'Israele fedele e benedetto da Dio.*

Preghiera

Ave, o virgulto di un tronco non inaridito,
ave, o possesso di frutto integro,
ave, o tu che allevi chi coltiva gli uomini con amore,
ave, o genitrice del creatore della nostra vita,
ave, o terra feconda che germoglia la misericordia,
ave, o mensa imbandita di abbondante perdono,
ave, o tu che fai fiorire il giardino delle delizie,

ave, o tu che prepari alle anime un porto sicuro,
ave, o incenso di suppliche esaudite,
ave, o perdono per il mondo intero,
ave, o benevolenza divina per i mortali,
ave, o parola fiduciosa dei mortali rivolta a Dio,
ave, o Vergine sposa!

*(Testo tratto dall'*Inno Acatisto *della Chiesa orientale)*

Maria, benedetta fra le donne, prega per noi!

XVIII

MARIA, CAUSA DELLA NOSTRA GIOIA

Madre degli ultimi

Dal vangelo secondo Luca

Maria disse: «L'anima mia magnifica il Signore
e il mio spirito esulta in Dio, mio Salvatore
perché ha considerato l'umiltà della sua serva.
D'ora in poi tutte le generazioni
mi chiameranno beata.
Perché grandi cose m'ha fatto il Potente,
Santo è il suo nome,
e la sua misericordia di generazione in generazione
va a quelli che lo temono.
Ha messo in opera la potenza del suo braccio,
ha disperso i superbi con i disegni da loro concepiti.
Ha rovesciato i potenti dai troni
e innalzato gli umili.
Ha ricolmato di beni gli affamati
e rimandato i ricchi a mani vuote.

Ha soccorso Israele, suo servo,
ricordandosi della sua misericordia,
come aveva promesso ai nostri padri,
a favore di Abramo e della sua discendenza,
per sempre».

Luca 1,46-55

Quando abbiamo letto il cantico di Anna, madre di Samuele (cf 1Samuele 2) avevamo ricordato il legame intimo che il Magnificat *ha con esso. Cerchiamo ora di delinearne l'atteggiamento di fondo, risalendo alla teologia dei cosiddetti* 'anawîm, *«i poveri di Yhwh», che tanto rilievo hanno nella spiritualità biblica. Essi erano certamente poveri anche a livello sociale. Tuttavia la povertà biblica è un concetto «simbolico», capace cioè di raccogliere in sé molte dimensioni. Il povero è umile, malato, oppresso; è la vedova e l'orfano, è l'antipodo del ricco e del potente, ma è anche e soprattutto colui che basa la sua fiducia solo in Dio e non sulla forza dell'uomo, sull'orgoglio e sulla presunzione, sull'idolo del denaro.*

Dio privilegia il debole e l'ultimo; la sua scelta è estrosa e scarta ciò che nella storia umana sembra godere di grande credito, cioè la potenza, il successo, la ricchezza. È questa la logica stessa del Cristo, un Messia che non entra nel mondo in modo fastoso, nascendo da una regina, ma nella povertà e da una donna povera.

Il Magnificat *si apre con un'esplosione di gioia dell'anima che proclama quanto Dio le ha donato. In esso potenti e umili, affamati e ricchi, orgogliosi e fedeli si confrontano, ma Dio ha già fatto la sua scelta. Egli è, come in tutta la Bibbia, schierato coi poveri, e a loro rivolge il suo appello: «Venite a me, voi tutti che siete affaticati e oppressi, e io vi ristorerò» (Matteo 11,28).*

Ma nel cantico di Maria c'è qualcosa di più della semplice esaltazione dell'autentica povertà e della premura della comunità cristiana nei suoi confronti. C'è anche una forte speranza nell'azione di Dio. C'è la convinzione che il Signore Onnipotente ribalterà le sorti di questa sghemba e ingiusta storia umana. L'onore e la gloria di Dio sono destinati agli umili e agli ultimi.

La nostra preghiera, come quella di Maria, deve chiedere l'avvento di quel regno e deve vederci schierati con gli umili.

La Chiesa deve imitare Maria interpretando se stessa e la sua storia alla luce del progetto salvifico divino rivelato nelle Scritture. Quanto più penetriamo in esso, tanto più cresce la nostra capacità di cantare e di amare, di pregare e di lottare, di credere e di agire, di benedire e di servire, di magnificare il Signore e di sperare. A questa luce tutto viene trasfigurato.

Preghiera

Ave, signora, santa regina, santa madre di Dio,

Maria, che sei Vergine fatta Chiesa ed eletta dal santissimo Padre celeste, che ti ha consacrata insieme col santissimo suo Figlio diletto e con lo Spirito Santo Paraclito, tu in cui fu, ed è, ogni pienezza di grazia e ogni bene!

Ave, suo palazzo; ave, suo tabernacolo; ave, sua casa; ave, sua veste; ave, sua ancella; ave, sua madre!

(Supplica mariana attribuita a san Francesco d'Assisi)

Maria, causa della nostra gioia, prega per noi!

XIX

MARIA, SPOSA DI GIUSEPPE

Madre dell'attesa

Dal vangelo secondo Matteo

La nascita di Gesù avvenne in questo modo: sua madre Maria era promessa sposa di Giuseppe; ma prima che essi iniziassero a vivere insieme, si trovò che lei aveva concepito per opera dello Spirito Santo.

Il suo sposo Giuseppe, che era giusto e non voleva esporla al pubblico ludibrio, decise di rimandarla in segreto. Ora, quando aveva già preso una tale risoluzione, ecco che un angelo del Signore gli apparve in sogno per dirgli: «Giuseppe, figlio di Davide, non temere di prendere con te Maria, tua sposa: ciò che in lei è stato concepito è opera dello Spirito Santo. Darà alla luce un figlio, e tu lo chiamerai Gesù; egli infatti salverà il suo popolo dai suoi peccati».

Tutto ciò è accaduto affinché si adempisse quanto fu annunciato dal Signore per mezzo del profeta che dice:

Ecco: la vergine concepirà e darà alla luce un figlio che sarà chiamato Emmanuele, che significa: *con-noi-è-Dio*. Destatosi dal sonno, Giuseppe fece come gli aveva ordinato l'angelo del Signore e prese con sé la sua sposa; ma non si accostò a lei, fino alla nascita del figlio; e gli pose nome Gesù.

Matteo 1,18-25

Riguardo alla vicenda matrimoniale di Maria e di Giuseppe è necessario evocare un dato socio-culturale dell'antico Israele. Come in analoghe civiltà, il matrimonio comportava un contratto preliminare che conteneva la formale richiesta della donna da maritare, indirizzata a suo padre: esso veniva stipulato nella casa della futura sposa come liquidazione del suo passaggio a un'altra famiglia. Questo atto era qualcosa di più di un fidanzamento, era una vera e propria prima fase del matrimonio. La donna diventava già moglie, anche se non entrava ancora nel nuovo clan. Il matrimonio veniva perfezionato e «consumato» in un secondo momento, a distanza più o meno di un anno.

Giuseppe si trova proprio in questa posizione intermedia di sposo di Maria secondo un matrimonio «rato e non consumato» quando piomba come un fulmine su di lui la notizia della futura maternità della sua «sposa». In questo caso egli era autorizzato a rescindere il contratto nuziale attraverso un vero e proprio atto di divorzio o ripudio (il matrimonio, come si è detto, era già stato messo in atto formale). Egli, anziché ricorrere a una procedura pubblica, sembra optare per quella concordata e segreta, davanti a due testimoni. Ma, a questo punto, ecco il sogno con la rivelazione angelica che cambierà la vita del primo uomo che abbia amato Maria.

Tra gli studiosi c'è una discussione riguardante il senso dell'intervento dell'angelo: «Giuseppe, figlio di Davide, non temere di prendere con te Maria, tua sposa: ciò che in lei è stato concepito è opera dello Spirito Santo» (1,20). Giuseppe sapeva già da Maria il mistero della sua futura maternità e l'angelo interviene solo per fargli superare la modestia e il rispetto sacro per quella generazione dallo Spirito Santo? La frase dell'angelo avrebbe, allora, questo valore: «Non avere esitazioni a sposare Maria anche se sai che essa è incinta dallo Spirito di Dio». Oppure è l'angelo stesso a comunicare all'imbarazzato Giuseppe il mistero che si sta compiendo nella sua sposa, impedendo così che egli la ripudi segretamente? La frase dell'angelo sarebbe, allora, esplicita: «Non temere di sposare Maria perché quella sua maternità non è adulterina ma divina».

Sulla base di questa duplice interpretazione anche il titolo di «giusto» attribuito a Giuseppe da Matteo, nella prima ipotesi, significherebbe «reverenza, rispetto» per

Dio e il suo mistero, nella seconda invece, significherebbe solo «obbediente alla legge» che imponeva il ripudio dell'adultera o sospettata tale; ripudio che egli avrebbe compiuto senza clamore.

L'interpretazione più comune è la seconda. Sta di fatto, comunque, che su tutta l'intricata vicenda l'irruzione dell'angelo è simile a una sorpresa: la vita di Giuseppe è segnata da un evento che muterà radicalmente il suo destino di giovane ebreo innamorato. Come affermava la scrittrice ebrea francese Simone Weil, vicina per molti aspetti al cristianesimo, «i beni più preziosi non devono essere cercati ma attesi e accolti».

Preghiera

Ave, o piena di grazia, il Signore è con te, tu sei benedetta, o bellissima e nobilissima tra le donne, o tutta santa, e gloriosa e buona!

Il Signore è con te, o veneranda, o incomparabile, o gloriosa, tutta splendore, degna di Dio, degna di ogni beatitudine!

(Preghiera di Teodoro, vescovo di Ancìra, V secolo)

Maria, sposa di Giuseppe, prega per noi!

XX

MARIA, GREMBO DEL VERBO FATTO CARNE

Madre dei viventi

Dal vangelo secondo Luca

In quei giorni uscì un editto di Cesare Augusto che ordinava il censimento di tutta la terra. Questo primo censimento fu fatto quando Quirino era governatore della Siria. Tutti andavano a dare il loro nome, ciascuno nella propria città. Anche Giuseppe dalla Galilea, dalla città di Nàzaret, salì nella Giudea, alla città di Davide, che si chiamava Betlemme, perché egli era della casa e della famiglia di Davide, per dare il suo nome con Maria, sua sposa, che era incinta. Mentre si trovavano là, giunse per lei il tempo di partorire e diede alla luce il suo figlio primogenito. Lo avvolse in fasce e lo depose in una mangiatoia, perché per loro non c'era posto all'albergo.

Luca 2,1-7

La maternità di Maria ha due coordinate ben dichiarate dall'evangelista Luca.

La prima coordinata è quella spaziale, *legata a Betlemme, «la città di Davide». Gesù giunge a noi dallo spazio umano, fisico e spirituale della promessa davidica. Da Betlemme l'umanità viene assunta in Dio. Nello spazio di Betlemme la nostra attenzione si fissa su due punti topografici. Il primo è quello del parto di Maria, una mangiatoia per animali probabilmente scavata nella roccia, perché il* katalyma *(in greco «albergo, casa, alloggio, stanza») non aveva spazio per il Signore dello spazio. La tradizione cristiana, sostenuta da san Girolamo che vivrà per decenni a Betlemme, parlerà di una grotta simile a quelle adiacenti alle povere case di allora. Eppure nel racconto di Luca c'è un particolare sottolineato con tenerezza: Maria «avvolse il bambino in fasce e lo depose nella mangiatoia» (v. 7). L'altro punto topografico che vogliamo evocare è il cosiddetto «campo dei pastori», la campagna circostante a Betlemme percorsa da seminomadi pastori. Due residenze provvisorie, due località misere, due segni di quotidiana miseria diventano il centro di una speranza cosmica.*

C'è una seconda coordinata da considerare, quella temporale. *Essa è scandita dalle ore dell'imperatore Ottaviano Augusto (31 a.C.-14 d.C.) ed è precisata da Luca con l'indicazione del famoso «primo censimento», ordinato dal legato di Siria Quirinio. Quel censimento romano, segno di schiavitù, ci ricorda che Cristo nasce da un popolo oppresso e in mezzo a quei poveri che i potenti considerano pedine insignificanti sullo scacchiere dei loro giuochi politici. Eppure il figlio di Maria sarà il centro del tempo e della stessa famiglia umana. E sarà proprio questo bambino povero a segnare nella storia i secoli in un «prima» e in un «dopo» di lui.*

Preghiera

L'autore della vita è nato dalla nostra carne dalla madre dei viventi.

Un bambino da lei è nato ed è il Figlio del Padre.

Con le sue fasce scioglie i legami dei nostri peccati e asciuga per sempre le lacrime delle nostre madri.

Danza e sussulta, creazione del Signore, poiché il tuo Salvatore è nato.

Contemplo un mistero strano e inatteso: la grotta è il cielo, la Vergine è il trono dei cherubini, la mangiatoia è il luogo dove riposa l'incomprensibile, il Cristo Dio.

Cantiamolo ed esaltiamolo!

(Antifona della liturgia bizantina)

Maria, madre dei viventi, prega per noi!

XXI

MARIA, CONSOLATRICE DEGLI AFFLITTI

Madre del dolore

Dal vangelo secondo Luca

C'era in Gerusalemme un uomo chiamato Simeone: era un uomo giusto e pio e aspettava la consolazione di Israele e lo Spirito Santo era su di lui. Anzi, dallo Spirito Santo gli era stato rivelato che non sarebbe morto prima di aver visto il Cristo del Signore. Andò dunque al tempio, mosso dallo Spirito; e mentre i genitori portavano il bambino Gesù per fare a suo riguardo quanto ordinava la legge, egli lo prese tra le braccia e benedì Dio, dicendo:

«Ora, o Signore, lascia che il tuo servo
se ne vada in pace secondo la tua parola,
perché i miei occhi hanno visto la tua salvezza
che tu hai preparato davanti a tutti i popoli;
luce che illumina le genti
e gloria del tuo popolo, Israele».

Ora, suo padre e sua madre rimasero meravigliati di quanto era stato loro detto di lui. Simeone li benedì e a Maria, sua madre, disse: «Ecco, egli è posto per la caduta e per la risurrezione di molti in Israele e come segno di contraddizione, sicché una spada trapasserà la tua anima, affinché vengano svelati i pensieri di molti cuori».

Luca 2,25-35

Simeone è per eccellenza l'uomo dell'attesa, della fiducia, della speranza: «Egli aspettava la consolazione d'Israele» (v. 25). Anche se avanti negli anni, egli tiene stretta la fiaccola della speranza e la giovinezza dello spirito è ancora in lui intatta. Per tre volte si menziona a suo riguardo la presenza dello Spirito: «Lo Spirito Santo era sopra di lui... Dallo Spirito gli era stato rivelato... Mosso dallo Spirito. (...)». Simeone si iscrive a ragione tra gli 'anawîm, *i «poveri» del Signore, a cui abbiamo collegato anche Maria.*

Uomo «povero», uomo dell'attesa e della speranza, uomo dello Spirito, Simeone è anche profeta nel senso biblico di conoscitore del mistero di Dio e rivelatore della sua parola. La sua profezia si manifesta in un cantico e in un doppio oracolo. Il cantico è il Nunc dimittis, *un inno breve, quasi una giaculatoria di abbandono sereno e fiducioso in Dio, preannunziato da un uomo che sente prossimo il tramonto e lo accoglie con grande pace. Il cantico di Simeone non è un addio malinconico alla vita e al compito eseguito, è invece un saluto festoso alla Parola di Dio che in Cristo si compie in pienezza. È il canto della salvezza universale, «preparata davanti a tutti i popoli» (vv. 31-32).*

Per la nostra lettura mariana è, però, particolarmente importante il doppio oracolo (vv. 34-35), striato dal sangue e dalla sofferenza, che Simeone pronunzia. Salvezza e giudizio, fede e incredulità si confrontano attorno alla figura del Cristo. È per questo che la prima profezia di Simeone si presenta come un oracolo di «divisione»: «Egli è posto per la caduta e per la risurrezione di molti in Israele e come segno di contraddizione, sicché una spada trapasserà la tua anima, affinché vengano svelati i pensieri di molti cuori». Non si può restare neutrali o indifferenti di fronte a Cristo: è una pietra che può diventare testata d'angolo ma che può anche far inciampare e cadere. Il secondo oracolo, altrettanto fosco, è destinato a Maria: «Una spada trapasserà la tua anima». Qual è il significato di quell'annunzio terribile? Anticamente alcuni scrittori cristiani, come Origene, pensavano al dubbio come spina nel fianco della fede pura di Maria davanti agli insuccessi del Figlio. Altri rimandavano alla lotta col serpente secondo il passo di Genesi 3,15; altri ancora giungevano al punto di immaginare una morte violenta per martirio di Maria! In realtà il senso è da cercare nella linea della profezia precedente. Maria è nel cuore della battaglia pro e contro il Cristo. Anche lei deve conoscere il rifiuto, la morte: eppure quanto più perderà, tanto più troverà.

Preghiera

Addolorata, in pianto la Madre sta presso la Croce, immersa in angoscia mortale geme nell'intimo del cuore trafitto da spada.

O Madre, sorgente di amore, fa' che io viva il tuo martirio, fa' che io pianga le tue lacrime; siano impresse nel mio cuore le piaghe del tuo Figlio.

(Dallo Stabat Mater *di Jacopone da Todi, XIII secolo)*

Maria, madre del dolore, prega per noi!

XXII

MARIA, STELLA DEL CIELO

Madre in cammino

Dal vangelo secondo Matteo

Dopo che Gesù nacque a Betlemme in Giudea, al tempo del re Erode, ecco giungere a Gerusalemme dall'oriente dei Magi, i quali domandavano: «Dov'è il neonato re dei Giudei? Poiché abbiamo visto la sua stella in Oriente e siamo venuti ad adorarlo». All'udir ciò il re Erode fu preso da spavento e con lui tutta Gerusalemme. Convocò allora tutti i capi dei sacerdoti e gli scribi del popolo e domandò loro: «Dove dovrà nascere il Messia?». Essi gli dissero: «A Betlemme di Giudea. Infatti così è stato scritto per mezzo del profeta: *E tu Betlemme, terra di Giuda, non sei la più piccola fra i capoluoghi di Giuda. Da te uscirà un capo che pascerà il mio popolo, Israele*».

Allora Erode chiamò segretamente i Magi e chiese ad essi informazioni sul tempo esatto dell'apparizione della stella; quindi li inviò a Betlemme, dicendo: «Andate e fate accurate ricerche del bambino; qualora lo troviate, fatemelo sapere, in modo che anch'io possa andare ad adorarlo».

Essi, udite le raccomandazioni del re, si misero in cammino. Ed ecco: la stella che avevano visto in Oriente li precedeva, finché non andò a fermarsi sopra il luogo dove si trovava il bambino. Al vedere la stella furono ripieni di straordinaria allegrezza; ed entrati nella casa videro il bambino con Maria sua madre e si prostrarono davanti a lui in adorazione. Poi aprirono i loro scrigni e gli offrirono in dono oro, incenso e mirra. Quindi, avvertiti in sogno di non passare da Erode, per un'altra via fecero ritorno al proprio paese.

Matteo 2,1-12

C'è un'immagine che domina il racconto dei Magi: quella del cammino. La stella indica una strada, è una specie di rivelazione cosmica come la colonna di fuoco che guidava l'Israele dell'Esodo. La griglia geografica che regge l'intero capitolo 2 di Matteo è fitta di nomi: Oriente, Gerusalemme, Betlemme, Giudea, Egitto, Rama, Galilea, Nàzaret. Ma non è una carta topografica fissa; lo spazio biblico è dinamico, sulla base della tipologia abramitica, esodica, escatologica: «Noi non abbiamo quaggiù una città stabile ma cerchiamo quella futura» ci ricorda la Lettera agli Ebrei (13,14). Anche Dio è pellegrino col suo popolo, nomade con esso; anch'egli è «l'ospite che percorre la sua strada» (R.M. Rilke), che bussa alla porta per essere accolto (Apocalisse 3,20); è il pastore che cammina col suo gregge lasciando che il sole batta anche su di lui e la morsa della sete attanagli la sua gola (Salmo 23).

Il viaggio dei Magi è, così, il simbolo della vita cristiana intesa come sequela, ricerca, come cammino sulle orme del Cristo, come distacco dalle cose e dall'inerzia. Chi è convinto di possedere tutto e di avere il monopolio della verità è simile ai sacerdoti di Gerusalemme, freddi esegeti di una Parola che non li coinvolge né converte. Chi è troppo ben piazzato nella Gerusalemme della storia, non cerca quella celeste. Chi è seduto nella sua città non ha bisogno di Betlemme, anzi, Betlemme gli appare come un insignificante villaggio di provincia. Eppure, coi Magi, «molti vengono dall'Oriente e dall'Occidente e siedono a mensa con Abramo, Isacco e Giacobbe nel Regno dei cieli» (Matteo 8,11). Tra costoro c'è chi ha ancora la fede esitante e, come ha detto Paolo nel suo discorso ateniese, «va a tentoni» nel cercare Dio (Atti 17,27). C'è, però, anche il credente limpido, che, pur coi silenzi di Dio e l'oscurarsi temporaneo della stella, resta fedele e alla fine giunge al «Bambino e a Maria sua madre».

È significativo il quadretto finale del racconto dei Magi: essi sono ormai raffigurati come perfetti credenti, «prostrati in adorazione» (v. 11). Lo scopo del loro pellegrinaggio non era, infatti, quello di andare in cerca di un personaggio celebre per interrogarlo o di assistere a colpi di scena spettacolari. No, essi affermano senza esitazione a chi li interroga: «Noi siamo venuti ad adorarlo» (v. 2). Questo dovrebbe essere il motto di ogni pellegrinaggio. Non si dovrebbe andare alla ricerca di miracoli apologetici o spettacolari, si dovrebbe invece giungere in luoghi santi e santuari per vedere il Bambino e sua Madre e per adorare il Signore Gesù.

Preghiera

Nulla ho da offrirti, nulla da domandare.

Vengo solamente, o Madre, per contemplarti.

Perché tu sei bella, perché sei immacolata, la donna della Grazia finalmente restituita, così come è uscita da Dio al mattino del suo originale splendore.

Semplicemente perché esisti, Madre di Gesù Cristo, che tu sia ringraziata!

(Testo tratto da La Vierge à midi *del poeta francese Paul Claudel, morto nel 1955)*

Maria, stella del cielo, prega per noi!

XXIII

MARIA, REGINA DEI MARTIRI

Madre degli esuli

Dal vangelo secondo Matteo

Dopo la partenza dei Magi, ecco che un angelo del Signore apparve in sogno a Giuseppe e gli disse: «Su, àlzati, prendi con te il bambino e sua madre e fuggi in Egitto e rimani lì fino a mio nuovo avviso. Erode infatti è in cerca del bambino per ucciderlo».

Egli si alzò, prese con sé il bambino e sua madre, nella notte, e partì per l'Egitto. Lì rimase fino alla morte di Erode. Questo affinché si adempisse quanto fu annunciato dal Signore per mezzo del profeta che dice: *Dall'Egitto ho richiamato mio figlio*.

Allora Erode, vistosi ingannato dai Magi, si adirò fortemente e mandò ad uccidere tutti i bambini di Betlemme e dei dintorni, dai due anni in giù, in considerazione del tempo preciso indicatogli dai Magi. Allora si adempì quanto fu detto dal profeta Geremia: *Una voce s'è udita in Rama, pianto e lamento copioso; Rachele piange i suoi figli e non si vuole consolare, perché non sono più.*

Matteo 2,13-15

Le poche, sobrie e amare righe del racconto di Matteo mostrano uno scenario brutale: Gesù, Maria e Giuseppe sono dei profughi. Gesù con sua madre è posto, fin dalla sua infanzia, nella schiera degli ultimi. È un Dio che pianta la sua tenda nella miseria, che sceglie di essere più povero delle sue creature perché «gli uccelli del cielo hanno i loro nidi, le volpi le loro tane, ma il Figlio dell'uomo non ha dove posare il capo» (Matteo 8,20). Quel monito indirizzato al capo-famiglia Giuseppe, «Alzati, prendi con te il bambino e sua madre e fuggi!», risuona ed è risuonato tante volte nella storia per altre famiglie e le ha rese le più vicine a quella del Cristo.

Quando questo Bambino crescerà, avrà il coraggio di proclamare: «Beati i perseguitati per causa della giustizia perché di essi è il Regno dei cieli... Guai a voi, ricchi, sazi, gaudenti!» (Matteo 5,10; Luca 6,24-26). Il teologo Dietrich Bonhoeffer, dal lager nazista ove sarebbe morto, scriveva: «Dio è impotente e debole nel mondo, e soltanto così rimane con noi e ci aiuta. Non tanto in virtù della sua onnipotenza, ma in virtù della sua sofferenza».

È con questa fraternità nel dolore che Cristo e sua Madre sono a noi vicini realmente ed autenticamente. Spesso la devozione mariana nei nostri giorni perde questa dimensione, sfilacciandosi in melassa spirituale, sentimentale, intimistica. La vita di Maria è stata all'insegna della vicinanza ai poveri dall'inizio alla fine, in una condivisione reale e in una solidarietà profonda e operosa.

Accanto alla sofferenza di Maria e Giuseppe, Matteo colloca subito il grido di altre madri, quelle degli innocenti trucidati da Erode. Sulla scena cola il sangue degli innocenti e appare lo spettro sanguinario dell'oppressore. Quelle piccole vittime saranno state probabilmente non più di una decina, ma in esse sono rappresentati tutti gli innocenti sterminati in tutte le forme possibili, i cui nomi non saranno mai registrati negli archivi della storia ma solo nel «libro della vita» di Dio. Davanti a essi cammina Maria, «regina dei martiri».

Attorno a Gesù si stringono le folle delle vittime schiacciate dall'immensa fila dei noti e meno noti Erodi. Accanto a Maria, invece, si stringono le folle delle madri che piangono la morte delle loro creature per fame, a causa della violenza e della guerra e affidano a lei, «madre dei dolori», la loro immensa sofferenza perché la consoli e la faccia fiorire in Dio.

Preghiera

O Vergine Santa, che hai generato nella carne il Verbo, santifica le nostre anime, donaci di vivere in fedeltà, noi che sempre ti lodiamo e acclamiamo così:

Salvaci, o porta della salvezza,
proteggici, o madre della verità,
soccorri i fedeli che ti onorano, o immacolata!
Evitaci le possibili, innumerevoli cadute, o purissima!
Proteggi, difendi, custodisci coloro che sperano in te!

(Preghiera di Sergio, patriarca di Costantinopoli, morto nel 638)

Maria, regina dei martiri, prega per noi!

XXIV

MARIA, DONNA OBBEDIENTE

Madre ammirabile

Dal vangelo secondo Luca

I suoi genitori erano soliti andare a Gerusalemme ogni anno, per la festa di Pasqua. Ora, quando egli ebbe dodici anni, i suoi salirono a Gerusalemme, secondo il rito della festa. Trascorsi quei giorni, mentre essi se ne tornavano, il fanciullo rimase in Gerusalemme, senza che i suoi genitori se ne accorgessero. Credendo che egli si trovasse nella comitiva, fecero una giornata di cammino, poi lo cercarono fra i parenti e conoscenti. Ma, non avendolo trovato, tornarono a Gerusalemme per farne ricerca. Lo trovarono tre giorni dopo, nel tempio, seduto in mezzo ai dottori, intento ad ascoltarli e a interrogarli. Tutti quelli che lo udivano restavano meravigliati della sua intelligenza e delle sue risposte. Nel vederlo, essi furono stupiti e sua madre gli disse: «Figlio, perché hai fatto questo? Ecco, tuo padre e io, addolorati, ti cercavamo!». Ma egli rispose loro: «Perché mi cercavate? Non sapevate che io mi devo occupare di quanto riguarda il Padre mio?». Essi però non compresero ciò che aveva detto loro.

Egli scese con loro e tornò a Nazaret, ed era loro sottomesso. Sua madre conservava tutte queste cose in cuor suo. E Gesù cresceva in sapienza, in età e in grazia, davanti a Dio e davanti agli uomini.

Luca 2,41-52

Questo Gesù, così autonomo e solenne nella sua dichiarazione al tempio, è lo stesso che si avvierà sulla strada di Nàzaret, seguendo obbediente i suoi genitori. Questa obbedienza all'interno della sua famiglia terrena diventa esemplare. Anzi, come scriveva un esegeta, R.E. Brown, «essa diventa quanto mai drammatica dal momento che è posta accanto all'intelligenza di Gesù che lascia stupiti e meravigliati tutti. Ma diventa ancor più drammatica se posta accanto alla grave pretesa di Gesù di avere dei doveri particolari in quanto Figlio di Dio, doveri e vocazione che i suoi genitori non riescono a comprendere». L'atteggiamento di obbedienza di Gesù diventa, allora, esemplare: non è solo un mettersi al servizio della sua famiglia ma dell'intera umanità, rifiutando di essere servito.

D'altro canto, Maria inizia a comprendere in modo vissuto che il suo distacco dal Figlio non è segno di lontananza ma è indizio di un nuovo rapporto. C'è, però, un aspetto valido per ogni madre (e padre). Se il figlio deve saper accogliere con rispetto e devozione i genitori e il loro amore, i genitori devono sapere che il loro figlio ha un destino che essi non possono predeterminare. Essi lo possono sognare a loro immagine o come l'artefice di progetti a loro cari, ma alla fine devono accoglierlo così com'è, coi suoi doni specifici e con la sua vocazione. Saper accettare è segno d'amore. Dominare o considerare come proprietà privata il figlio (o la moglie o il marito) è segno, invece, di egoismo e di grettezza. «Bisogna che lui cresca e che io diminuisca»: le parole del Battista sono anche le parole di Maria e di quei genitori che comprendono funzione e limiti della loro missione.

Maria è davanti a noi ora come colei che cammina nel mistero del Figlio, passando di segreto in segreto, di sorpresa in sorpresa. Alcuni scrittori orientali hanno pensato che la fede di Maria fosse imperfetta. In realtà, di sua natura, la fede, anche nella sua pienezza, resta sempre «fondamento delle cose che si sperano e prova di quelle che non si vedono» (Ebrei 12,1). È, dunque, sempre legata alla speranza e al «non vedere», conosce la dialettica, introduce la persona nella luce ma anche nell'oscurità.

Preghiera

Ave Maria, Madre di Dio, tesoro maestoso appartenente a tutto il mondo, lampada inestinguibile, corona di verginità, sostegno della vera fede, tempio indistruttibile, dimora dell'infinito, Madre e Vergine.

Per te l'uomo caduto è accolto in cielo.

(Invocazione mariana di Cirillo d'Alessandria, IV-V secolo)

Maria, madre ammirabile, prega per noi!

XXV

MARIA DI NÀZARET

Madre della semplicità

Dal vangelo secondo Marco

Gesù venne nella sua patria, accompagnato dai suoi discepoli. Venuto il sabato, si mise a insegnare nella sinagoga e i molti ascoltatori, stupiti, dicevano: «Donde ha costui tali cose? Che sapienza è quella che gli è stata data? E che miracoli avvengono per le sue mani? Non è egli il falegname, il figlio di Maria e fratello di Giacomo, di Giuseppe, di Giuda e di Simone? E le sue sorelle non sono qui tra noi?». E si scandalizzavano di lui. Gesù, però, diceva loro: «Non c'è profeta che sia disprezzato se non nella sua patria, tra i suoi parenti e nella sua casa». Non poté farvi alcun miracolo, ma soltanto guarire pochi infermi, imponendo loro le mani, ed era meravigliato della loro incredulità.

Marco 6,1-6

Nàzaret è l'orizzonte entro cui si consumano gli anni dell'adolescenza e della giovinezza del Cristo. Anni oscuri, contraddistinti da una vita modesta, in una povera famiglia di artigiani. Di quei giorni nascosti, di quelle vicende registrate solo nel libro divino della vita, di quella crescita progressiva noi non sappiamo nulla. Saranno solo i vangeli apocrifi a colmare questo vuoto con la loro prodigiosa fantasia.

A Nàzaret Cristo ritornerà anche durante il suo ministero pubblico e, come si è visto, sarà per lui una terribile delusione. Luca ci ricorda che nella sinagoga di Nàzaret Gesù tenne una specie di discorso programmatico, prendendo lo spunto da un passo di Isaia, letto nella liturgia sinagogale: «Lo Spirito del Signore è sopra di me; per questo mi ha consacrato con l'unzione, e mi ha mandato ad annunziare ai poveri un lieto messaggio, per proclamare ai prigionieri la liberazione e ai ciechi la vista; per rimettere in libertà gli oppressi e predicare un anno di grazia del Signore» (Luca 4,16ss). Ma la reazione dei suoi concittadini, da un primo interesse curioso, si trasforma alla fine in aperta e violenta ostilità: «Lo cacciarono fuori dalla città e lo condussero sul ciglio del monte sul quale la loro città era situata, per gettarlo giù dal precipizio» (4,29). Dell'emozione di Maria di fronte a quell'attentato fallito («ma egli, passando in mezzo a loro, se ne andò», 4,30) Luca non annota nulla.

Maria è, invece, citata esplicitamente come «madre di Gesù» in occasione dell'altra visita di Gesù a Nàzaret, quella che abbiamo evocato in apertura, nella relazione marciana. La modestia del parentado di Gesù, la poca rilevanza sociale della professione da lui esercitata durante gli anni trascorsi nel villaggio di Nàzaret, la figura della madre, esteriormente simile a tante altre donne di quel tempo e nota forse con quelle indicazioni paesane caratteristiche e pittoresche («Maria che abita in fondo alla via...») suscitano scandalo e scetticismo. Naturalmente Marco sull'espressione «figlio di Maria» conduce un suo gioco di allusioni che il lettore avvertito può identificare: il titolo per i nazaretani è solo fonte di ironia ma per i cristiani è l'appellativo solenne di Gesù ed è l'equivalente della definizione di Maria come «madre del Cristo».

È raro che nelle riflessioni mariane ci si fermi sul testo che noi abbiamo considerato, proprio perché la presenza di Maria è così marginale e perché si evoca una fase silenziosa e nascosta dell'esistenza del suo Figlio, un'esistenza sprofondata nella provincia più remota, fuori dai clamori delle metropoli e dalle vicende importanti dell'impero. In case modeste e calcinate dal sole, su viuzze maleodoranti, tra parenti non certo prestigiosi, in uno scenario simile a quello dei quadri di Chagall dedicati alla vita dei villaggi ebrei russi o mitteleuropei, la vita di Gesù e di sua Madre si snoda nella più assoluta e normale quotidianità, non scandita da nessuna variante se non quella delle stagioni e delle nascite e delle morti. È questo lo «scandalo» dell'incarnazione («e si scandalizzavano di lui»), a cui partecipa anche la madre del Cristo. In realtà, sotto quelle spoglie quotidiane si cela il mistero della salvezza.

Preghiera

Santa Maria, donna feriale, forse tu sola puoi capire che questa nostra follia di ricondurti entro i confini dell'esperienza terra terra, che noi pure viviamo, non è il segno di mode dissacratorie...

Torna a camminare discretamente con noi, o creatura straordinaria innamorata di normalità, che prima di essere incoronata regina del cielo, hai ingoiato la polvere della nostra povera terra.

(Preghiera di don Tonino Bello)

Maria di Nàzaret, prega per noi!

XXVI

MARIA, DONNA DEL VINO NUOVO

Madre provvidente

Dal vangelo secondo Giovanni

Ci fu una festa di nozze in Cana di Galilea e c'era là la madre di Gesù. Fu invitato alle nozze anche Gesù con i suoi discepoli. Ed essendo venuto a mancare il vino, la madre di Gesù gli dice: «Non hanno più vino». Le dice Gesù: «Che vuoi da me, o donna? Non è ancora venuta la mia ora». Sua madre dice ai servi: «Fate quello che vi dirà». C'erano là sei giare di pietra per le abluzioni dei Giudei, capaci da due a tre metrète ciascuna. Dice loro Gesù: «Riempite le giare di acqua». Le riempirono fino all'orlo. Dice loro: «Ora attingete e portatene al direttore di mensa». Essi ne portarono. Come il direttore di mensa ebbe gustata l'acqua divenuta vino (egli non sapeva donde veniva, mentre lo sapevano i servi che avevano attinto l'acqua), chiama lo sposo e gli dice: «Tutti presentano dapprima il vino buono e poi, quando si è brilli, quello scadente. Tu hai conservato il vino buono fino ad ora».

Questo inizio dei segni fece Gesù in Cana di Galilea e rivelò la sua gloria e i suoi discepoli credettero in lui.

Giovanni 2,1-11

Cana è un villaggio a sei chilometri a nord-est di Nàzaret, segnato oggi dai campanili e dalla cupola della chiesa francescana che commemora il primo dei sette «segni» o miracoli che Giovanni allinea all'interno della prima sezione del suo vangelo. Con questo termine greco l'evangelista vuole indicare la particolare qualità e la funzione dei miracoli del Cristo: essi sono come un indice puntato verso un senso e una realtà più profonda di quelli che si possono cogliere sulla superficie dell'evento prodigioso sconcertante. Nel racconto del «segno» di Cana vedremo che il significato profondo è quello messianico.

Il banchetto nuziale nella Bibbia è, infatti, un chiaro simbolo messianico e il Messia è presentato come lo Sposo per eccellenza del suo popolo. Inoltre, l'abbondanza del vino, «che rallegra il cuore dell'uomo» (Salmo 104,15), è un altro simbolo dell'era messianica al punto tale che la tradizione giudaica descriveva così il tempo della venuta del Messia: allora ogni vite avrà mille rami, ogni ramo mille grappoli, ogni grappolo mille acini, ogni acino produrrà 460 litri di vino!

Su questo sfondo diventa chiaro il messaggio che la narrazione giovannea delle nozze di Cana ci vuole comunicare attraverso l'azione di Maria: Cristo è il «vino buono» e «ultimo», cioè è il Messia, il perfetto inviato del Padre. Ed è proprio lei, la «donna» perfetta, la nuova Eva, Maria, che ci presenta il Cristo nella sua missione di salvezza, nella sua «ora» solenne, fonte di gioia e di liberazione dagli incubi. Il centro del brano è sempre il Cristo ma Maria è accanto a lui e, con la sua fede limpida e totale, ci invita a «fare tutto quello che ci dirà». La «donna» Maria nel quarto vangelo, come si diceva, riapparirà proprio nell'«ora» di Gesù, ai piedi della croce, pronta a raccogliere l'ultima parola del Figlio, pronta anche in quell'istante supremo a «fare tutto quello che egli dirà»; aprendosi al suo futuro di madre della Chiesa.

Naturalmente molte sono le riflessioni fiorite attorno a questo testo. Ma in tutte troviamo Maria accanto al Figlio, una presenza discreta e operosa, capace di penetrare – sotto la guida di Gesù – nel mistero di quell'«ora» salvifica a cui anche lei parteciperà.

Preghiera

Salute alla sorgente della vita, che irrora le anime assetate di giustizia.

Ave al calice, che a tutto il mondo offre da bere il vino del Dio vivente.

Ave a te, o Maria, che sei migliore degli angeli e sei stata scelta da Dio creatore.

Ave all'ampio castello, nel quale venne e abitò Cristo, nostro Dio.

Per la sua intercessione, o Signore, dona a noi la remissione dei nostri peccati.

(Antifona della Chiesa copta egiziana)

Maria, madre provvidente, prega per noi!

XXVII

MARIA, BEATA PERCHÉ HA CREDUTO

Madre dell'ascolto

R

Dal vangelo secondo Luca

In quel tempo, mentre Gesù parlava, una donna, dalla folla, alzò la voce e disse: «Beato il ventre che ti ha portato e il seno che ti ha allattato!». Ma Gesù disse: «Beati piuttosto quelli che ascoltano la Parola di Dio e la mettono in pratica».

Luca 11,27-28

C

Sulle strade del mondo, come su quelle dell'antica Palestina, è facile che risuoni una beatitudine mariana analoga a quella pronunziata da una donna anonima d'Israele. È una beatitudine che nasce dalla maternità, dal suo misterioso splendore, ancor più esaltato nell'antico Vicino

*Oriente di quanto lo sia da noi ora. Ma Gesù ci invita a una beatitudine più alta da destinare a sua madre: la grandezza di Maria non è tanto nel legame fisico e generazionale con Gesù quanto nell'averlo accolto, dato alla luce e seguito fino al Calvario attraverso la fede, l'ascolto obbediente, la fedeltà quotidiana nell'«osservare» la sua parola. Commenta Agostino: «Anche Maria proprio per questo è beata, perché ha ascoltato la Parola di Dio e l'ha osservata. Ha custodito, infatti, più la verità nella sua mente che la carne nel suo grembo. Cristo è verità, Cristo è carne; Cristo è verità nella mente di Maria, Cristo è carne nel grembo di Maria. Conta di più ciò che è portato nella mente di ciò che è portato nel grembo» (*Discorsi, *XXV, 7-8).*

Aggiungiamo ora a quella del vescovo di Ippona la testimonianza di san Giovanni Crisostomo nel suo Commento al Vangelo di Matteo*: «Alle parole della donna Gesù non rispose: "Nessun grembo mi ha allevato e non ho succhiato nessuna mammella", ma: "Beati piuttosto coloro che ascoltano la Parola di Dio e la mettono in pratica!". Non vedi, quindi, come egli non neghi in nessun modo la parentela secondo natura, ma solo le anteponga quella proveniente dalla virtù? Non disse: "Non è mia madre e non sono miei fratelli perché non fanno la mia volontà", né intese esprimere un giudizio o una condanna... Quanto è l'onore e l'eccellenza della virtù! A quali altezze essa conduce colui che la persegue!» (44,2).*

La voce di quella donna, dice sant'Efrem siro, nel suo XXVI Inno *sulla verginità, «è diventata una tromba fra gente muta... Cristo ha dichiarato te beata e ha esteso la medesima beatitudine anche ad altri». Le parole che Gesù destina a sua madre sembrano, a prima vista, imbarazzanti; in realtà, esse delineano il vero profilo interiore di Maria, la prima credente, la «beata perché ha creduto» (Luca 2,45).*

Preghiera

Eccelsi sono gli angeli e gli arcangeli,
ma quanto tu li superi, o Maria!
I cherubini sostengono il trono di Dio,
tu invece sostieni Dio stesso fra le tue braccia.
I serafini sono presenti davanti a Dio,
ma tu sei più presente di loro;
i serafini coprono il loro volto con le ali,
non potendo guardare la gloria perfetta di Dio,
tu invece non solo contempli il suo volto,
ma lo accarezzi e gli sorridi!

(Testo tratto da un'omelia di sant'Atanasio, vescovo d'Alessandria, IV secolo)

Maria, modello di ascolto, prega per noi!

XXVIII

MARIA, DONNA DELLA CROCE

Madre della Chiesa

Dal vangelo secondo Giovanni

Vicino alla croce di Gesù stavano sua madre e la sorella di sua madre, Maria di Clèofa e Maria di Magdala. Gesù, dunque, vista la madre e presso di lei il discepolo che amava, disse alla madre: «Donna, ecco tuo figlio!». Quindi disse al discepolo: «Ecco tua madre!». E da quell'ora il discepolo la prese in casa sua.

Giovanni 19,25-27

Siamo su quel piccolo promontorio che diverrà ben più celebre dei monti più alti della terra, il Calvario. Gesù è stato ormai innalzato da terra sulla croce, è alle soglie dell'agonia, e «vista la madre e presso di lei il discepolo che egli amava, disse alla madre: "Donna, ecco tuo figlio!". Quindi disse al discepolo: "Ecco tua madre!"». La dichiarazione di Gesù è una formula di rivelazione di una nuova maternità spirituale di Maria, simile a quella celebre del Battista: «Ecco l'Agnello di Dio!». Una parola solenne che svela il mistero e il significato ultimo di una persona.

Giovanni, definito «discepolo che Gesù amava» rappresenta il ritratto del perfetto discepolo, un'immagine che supera i confini di quel luogo e di quel giorno tragico. Maria è interpellata con un titolo solenne «Donna», che vuole alludere alla «donna» che sta alla radice della storia umana, Eva. La prima donna era stata l'inizio e la madre dell'umanità intera; ora Maria diventa l'inizio e la madre di tutti i credenti nel Figlio suo.

È curioso notare che nelle trentina di parole che compongono l'originale greco del brano per ben cinque volte si ripete il vocabolo mêter, *«madre». Maria appare ora nella sua nuova funzione materna, quella di essere la madre di tutti i fedeli, simbolo della Chiesa. La «donna» Maria, nuova Eva, sta quindi vivendo l'«ora» del suo Figlio come sua «ora»: come il Cristo, soffrendo e morendo, genera la salvezza, così Maria, soffrendo e perdendo tutto, diventa madre della Chiesa. Nel profilo di Maria si intravedono i lineamenti della Chiesa che genera figli modellati sul Cristo.*

Ora, Maria e il discepolo lasciano il Calvario, dopo

aver ascoltato quelle ultime parole del Cristo a loro riservate. L'evangelista, però, ci lascia un'ultima, piccola indicazione riguardante i due attori della scena prima descritta: il discepolo «accoglie con sé» Maria. Il termine greco usato per descrivere questo «avere con sé» Maria da parte del discepolo amato è idìa, *che può significare anche «casa, proprietà, patria». È possibile, allora, intendere che il discepolo amato «prese nella sua casa» Maria.*

Se però scegliamo di considerare il gioco dei rimandi simbolici cari al quarto evangelista, ci accorgiamo che la parola greca idìa *può avere un altro valore. Nel prologo del vangelo, infatti, il termine indica «i suoi», la sua gente, cioè il popolo a cui Gesù apparteneva: «Venne tra la sua gente, ma* i suoi *non l'hanno accolto» (1,11). E alle soglie della morte di Gesù Giovanni introduce il suo racconto così: «Sapendo che era giunta la sua ora di passare da questo mondo al Padre, dopo aver amato* i suoi *che erano nel mondo, Gesù li amò sino alla fine» (13,1). La frase che chiude la scena del Calvario è, allora, carica di una risonanza ulteriore: Maria e il discepolo non solo avranno la stessa residenza ma saranno in comunione di fede e di amore proprio come il cristiano che accoglie e vive in comunione profonda con la Chiesa sua madre. Mariologia ed ecclesiologia si intrecciano, quindi, intimamente ai piedi della croce di Cristo.*

Preghiera

Vergine santa, vera madre del Verbo eterno, madre di tutti i redenti e di tutti i credenti, mostraci colui che è stato consacrato nella grazia da te ricevuta, Gesù il frutto benedetto del tuo seno, mostraci Gesù ieri, oggi e nell'eternità.

(Preghiera di Karl Rahner, teologo)

Maria, madre della Chiesa, prega per noi!

XXIX

MARIA, REGINA DEGLI APOSTOLI

Madre e discepola

Dagli Atti degli Apostoli

Gli apostoli ritornarono a Gerusalemme dal monte detto degli Ulivi, che si trova vicino a Gerusalemme quanto il cammino permesso in giorno di sabato.

Entrati in città, salirono nel locale del piano superiore, dove abitavano. Vi erano: Pietro e Giovanni, Giacomo e Andrea, Filippo e Tommaso, Bartolomeo e Matteo, Giacomo di Alfeo e Simone lo Zelòta e Giuda, figlio di Giacomo. Tutti costoro attendevano costantemente con un cuor solo alla preghiera con le donne e con Maria, la madre di Gesù, e con i fratelli di lui.

Atti 1,12-14

Gli Atti degli Apostoli si aprono con questa scena corale, successiva all'Ascensione. I termini greci sono significativi per descrivere la preghiera: essa è costante, assidua, senza soste, continua, ed è corale, comunitaria, fatta d'un solo cuore e sentimento. Maria, in questo brano è il modello della perfetta orante all'interno dell'assemblea ecclesiale. Come era stato voluto dallo stesso Gesù in croce, il rapporto tra la Vergine e il Cristo risorto avviene soprattutto all'interno della Chiesa di cui Maria è segno. Tutta la comunità cristiana delle origini attende in preghiera assidua e concorde il dono dello Spirito, stringendosi attorno alla Madre del Signore.

Da questa scena esemplare, che ha come fondale la casa e il «piano superiore» del Cenacolo, nascerà l'invocazione litanica destinata a Maria, «regina degli apostoli», o l'altra, presente in un inno anonimo del VI secolo, di «letizia degli apostoli». È curioso osservare che la tradizione cristiana tenderà ad attribuire a Maria anche il titolo di «apostola» o, come dice Romano il Melode, di «perfetta discepola del Cristo».

Ma c'è un'altra evocazione possibile, legata sempre all'atmosfera della scena dipinta dagli Atti. Il Cenacolo, entro cui sono riuniti in preghiera, oltre alla sede del dono dello Spirito Santo, della riconciliazione sacramentale (Giovanni 20,22-23) e del sacerdozio ministeriale, è soprattutto l'ideale segno dell'eucaristia, essendo stato il luogo scelto da Cristo per l'ultima cena. Così, ci si può imbattere in antiche sequenze mariane che invocano la Vergine come «serva purissima che portò il pane vivente, Dio stesso», o in testi che fanno del campo, del covone, della spiga, del chicco di grano simboli mariano-eucaristici. Ma è soprattutto nella pietà popolare che si sviluppa un legame stretto tra il culto mariano e l'eucaristia. Ne è prova significativa la processione eucaristica quotidiana a Lourdes come lo sono le celebrazioni eucaristiche nei santuari mariani.

Anche se gli evangelisti ignorano la presenza di Maria all'ultima cena, il legame tra il Cenacolo e la Madre di Dio non può essere ignorato e, in questa luce, Maria ci presenta suo Figlio nell'eucaristia, segno permanente del suo «essere con noi».

Preghiera

Ricevimi o Madre, Maestra e Regina Maria tra quelli che ami, nutri, santifichi e guidi nella scuola di Gesù Cristo, divino Maestro.

Tu leggi nella mente di Dio i figli che Egli chiama e per essi hai preghiera, grazia, luce e conforti speciali.

Il mio Maestro, Gesù Cristo, tutto si è consegnato a te,

dall'Incarnazione all'Ascensione; questo è per me dottrina, esempio e dono ineffabile: anche io mi rimetto pienamente nelle tue mani.

Ottienimi la grazia di conoscere, imitare, amare sempre più il Divino Maestro Gesù, Via, Verità e Vita; presentami tu a Gesù: sono indegno peccatore, non ho altri attestati per venire accolto alla sua scuola che la tua raccomandazione.

Illumina la mia mente, fortifica la mia volontà, santifica il mio cuore in quest'anno di mio lavoro spirituale, onde possa profittare di tanta misericordia, e possa conchiudere al fine: «Vivo io, ma non più io, bensì vive in me Cristo».

(Preghiera del beato Giacomo Alberione, fondatore della Famiglia Paolina)

Maria, regina degli apostoli, prega per noi!

XXX

MARIA, REGINA DEGLI ANGELI

Madre vestita di sole

Dal libro dell'Apocalisse

Un segno grandioso apparve nel cielo: una donna vestita di sole, con la luna sotto i suoi piedi e una corona di dodici stelle sul suo capo: era incinta e gridava in preda alle doglie e al travaglio del parto.

E un altro segno apparve nel cielo; ecco: un grosso dragone, rosso-vivo, con sette teste e dieci corna. Sulle teste vi erano sette diademi; la sua coda si trascinava dietro la terza parte degli astri del cielo e li precipitava sulla terra. Il dragone si pose di fronte alla donna che era sul punto di partorire, per divorare il bimbo non appena fosse nato. Essa quindi diede alla luce un figlio, un maschio, quello che era destinato a governare tutte le nazioni con scettro di ferro. Subito fu rapito il figlio di lei verso Dio, verso il trono di lui; mentre la donna riparò nel deserto, dove ha un luogo preparato da Dio per esservi nutrita per lo spazio di milleduecentosessanta giorni.

Apocalisse 12,1-6

Al centro di questa scena appare una figura gloriosa: una donna ammantata dalla luce del sole come lo è Dio stesso, sospesa sulla luna, coronata da un'intera costellazione. Numerose sono state le identificazioni escogitate nei secoli riguardo a questo personaggio femminile ma la più classica è stata offerta dalla tradizione: è Maria che partorisce il Cristo. In realtà, pur avendo come riferimento la Madre del Messia, è più probabile che l'Apocalisse pensi o all'Israele fedele da cui proviene il Cristo o alla Chiesa stessa al cui interno Cristo nasce continuamente attraverso la Parola e l'eucaristia.

All'improvviso, la dolce scena del parto è lacerata da un'irruzione terrificante. Ecco il grande mostro primordiale contro cui Dio ha combattuto nella creazione: il drago è simbolo del male, del demoniaco; il suo colore è il rosso sangue, perché ci riporta nel mezzo della violenza, dell'oppressione, delle battaglie. Ma la bestia incarna anche un altro significato. Con le sue sette teste, le sue dieci corna, segno di potenza orgogliosa, con le sue sette corone rappresenta la brutalità del potere, soprattutto di quello imperiale romano. L'azione del drago è sacrilega, è una sfida al cielo: la sua coda possente, infatti, abbatte le stelle del cielo, luogo divino. Forse si allude ai fedeli strappati dalle imprese sataniche alla loro comunione con Dio; altri pensano all'apostasia degli angeli ribelli. Certo è che Giovanni attribuisce a Satana un potere soprannaturale.

Il racconto ha il suo acme proprio nel conflitto che si apre tra il drago demoniaco e la donna col figlio neonato. Lo scontro tra Bene e Male è aperto. Di fronte all'incalzare del drago la donna fugge nel deserto. Il suo è una specie di nuovo esodo in cui il deserto è luogo di intimità e protezione divina: come Israele era stato protetto da serpenti, nemici, fame e sete dal suo Signore, così ora la donna è difesa da Dio e come Israele era stato nutrito di manna, così ora la Chiesa ha come suo sostegno l'eucaristia.

L'interpretazione mariologica del brano comincerà a prevalere attorno al XII secolo. Ad essa si ispirano le famose «Immacolate», statue o pitture che trionferanno nell'iconografia mariana: alla falce di luna sotto i piedi della Vergine si aggiungerà il serpente della Genesi, identificato col drago dell'Apocalisse. Esso s'avvinghia sul globo terrestre che sorregge la mezzaluna sulla quale svetta Maria, raggiante luce, col Bambino in braccio. Essa è illuminata dai raggi di un sole nascosto alle sue spalle, simbolo divino e messianico, mentre le dodici stelle che fungono da aureola o corona incarnano le dodici tribù d'Israele e gli apostoli.

Preghiera

Saluto te, Vergine benedetta, che hai sconfitto il male, sposa dell'Altissimo e madre del dolce Agnello; tu regni nei cieli e salvi la terra.

Verso te tendono gli uomini mentre i demoni ti temono.

Sei la regina degli angeli, la speranza nel Dio dei secoli, luogo del riposo del Re e seggio della divinità.

Sei la stella che brilla a oriente e dissipa le tenebre d'occidente, l'aurora che annunzia il sole e il giorno che non conosce notte.

Tu hai generato colui che ci genera; fiduciosa come una madre che adempie al suo dovere, riconcili gli uomini con Dio.

(Testo di Pietro Venerabile, abate di Cluny, morto nel 1156)

Maria, donna vestita di sole, prega per noi!

XXXI

MARIA, ASSUNTA IN CIELO

Madre del cielo e della terra

Dal Panegirico sulla Dormizione (VII secolo)

Verso le nove del mattino si udì un forte tuono dal cielo e si sparse un profumo così soave che tutti i circostanti furono presi dal sonno eccetto gli apostoli e le tre vergini, alle quali il Signore aveva concesso di essere deste. (...) Ed ecco giungere il Signore sulle nubi con una moltitudine di angeli senza numero. (...) Maria, aprendo la bocca, lo benedì. (...) e così parlando terminò il suo corso con il viso sorridente rivolto al Signore. Questi, prendendone l'anima, la depose in mano a Michele, dopo averla avvolta in qualcosa come pelli, il cui splendore è impossibile a descriversi. Noi apostoli contemplammo l'anima di Maria, che venne consegnata nelle mani di Michele. Non mancava di alcun membro umano. (...) Non presentava altro che la somiglianza di ogni corpo, sette volte più fulgida del sole.

Panegirico sulla Dormizione, n. 12

Gli apocrifi sono scritti fioriti attorno ai sobri testi evangelici e nutriti dalla fantasia popolare, da istanze devozionali, da amore spirituale e talora anche da degenerazioni teologiche. È come se avessimo tra le mani migliaia di tessere di un mosaico da cui emergono moltissime immagini di Maria e di suo Figlio, alcune di grande suggestione e forse di qualche attendibilità storica, altre deformate o illusorie.

Con le tessere apocrife possiamo comporre un'icona monumentale di Maria, piena di stupore, di fantasia, di leggenda ma talora anche di storia e di fede, sempre comunque di affetto e ammirazione per la Madre del Signore.

Numerosi sono i testi che narrano il mistero dell'Assunzione di Maria, coordinati poi nella Legenda Aurea *medievale. Ecco una sintesi dei vari eventi da essi narrati. Un angelo annunzia a Maria che è giunta la sua ora e le offre una palma paradisiaca. Giunge la notte, la Vergine è seduta con gli Apostoli. Accompagnato da un corteo di angeli e santi, Cristo viene a raccogliere sua madre per condurla in cielo: «Così l'anima di Maria si separò dal corpo e volò in braccio a suo Figlio». Anche i Dodici seguono sulle nubi Maria e il Cristo mentre Giovanni riceve dalla Vergine la palma. Ritornati sulla terra, celebrano il funerale della Madonna. Giovanni precede con la palma in mano, a fianco del feretro camminano Pietro e Paolo, seguono gli altri e i fedeli. Ma tra costoro si nascondono anche alcuni empi che vorrebbero trafugare e bruciare la salma di Maria. Il sommo sacerdote si fa avanti per afferrare il feretro e ribaltarlo ma le sue mani restano attaccate, mentre tutti gli astanti non credenti vengono accecati. Convertitosi, il sacerdote implora da Maria la guarigione dei ciechi peccatori, che avviene. Un'altra variante introduce, invece, l'angelo Michele che mozza le braccia di un empio desideroso di ribaltare la salma di Maria. Convertito, implora Maria che miracolosamente lo guarisce.*

Gli apostoli depongono Maria nel sepolcro. Il terzo giorno appare nuovamente Cristo, circondato dalle legioni celesti che, sotto la guida di Michele, riportano in cielo corpo e anima, ora ricongiunti, della Vergine. Si ha, così, nel coro possente degli angeli la celebrazione dell'Assunzione di Maria al cielo in corpo e anima. Tommaso, anche questa volta assente, mette in dubbio l'evento: Maria, allora, gli getta dal cielo la sua cintura e Tommaso crede.

Su questa trama fantasiosa si distende il mistero «pasquale» di Maria, verità professata dalla Chiesa. Maria segue, così, il Cristo nella gloria della risurrezione e dal cielo intercede per l'umanità. Questa nostra ultima riflessione ci ricorda che Maria entra nella tradizione cristiana non solo coi tratti essenziali e purissimi dei vangeli canonici ma anche con elementi desunti e purificati dalla massa di memorie e di creazioni devozionali apocrife.

Preghiera

O Immacolata Concezione, Regina del cielo e della terra, rifugio dei peccatori e madre piena d'amore, a cui Dio ha voluto affidare tutto l'ordine della misericordia, eccoci ai tuoi piedi noi, poveri peccatori.

Te ne supplichiamo, accetta le nostre persone, interamente, come tuo bene e tua proprietà.

Opera in noi secondo la tua volontà, nella nostra anima e nel nostro corpo, nella nostra vita, nella nostra morte e nell'eternità.

Disponi anzitutto di noi come tu vuoi, perché si realizzi finalmente ciò che è detto di te: la donna schiaccerà la testa del serpente.

Che nelle tue mani purissime, così ricche di misericordia, diventiamo strumento del tuo amore, affinché si estenda il regno del Cuore Divino di Gesù. Amen.

(Atto di affidamento a Maria *di san Massimiliano Maria Kolbe)*

Maria, madre del cielo e della terra, prega per noi!

INDICE

Biblioteca Universale Cristiana

Al tempo della globalizzazione, di internet, della fine delle ideologie, della sfida tra relativismo e quel che resta del pensiero forte, la proposta di una Biblioteca Universale Cristiana è una scelta controcorrente, che persegue precisi valori e finalità:

contenutistici: un invito per tutti coloro che (credenti o meno) ricercano punti di riferimento letterari e spirituali, per costruire strade comuni;
di memoria culturale: riproposizione di opere che, spesso introvabili, appartengono a un patrimonio che non è solo cristiano, ma pienamente umano;
economici: una proposta di opere dal valore assoluto (etico ed estetico) a costi accessibili a tutti.

Biblioteca Universale Cristiana:
uno scrigno da cui trarre «cose antiche e cose nuove»; testi di credenti e non, con in comune il respiro dell'Assoluto.

buc

Finito di stampare nel mese di Aprile 2012
presso Grafica Veneta S.p.a. Trebaseleghe - Padova
Printed in Italy